数字を武器として使いたい
ビジネスパーソンの

会計の基本教科書

中尾篤史
Nakao Atsushi

日本能率協会マネジメントセンター

はじめに

　この本に興味をもっていただいた方が、次のような方であればうれしく思います。

　「ビジネスの現場で必要な会計のスキルを身につけたい方」
　「昇進を機会に、ビジネスパーソンの基本である会計を学ぼうと考えている方」
　「経理部門に配属されることになったので、会計の基本的なことを学びたいと思っている方」
　「株取引をしているが、会計を学んで投資に活かしたいと思っている方」
　「将来経理関係の仕事に就きたいと思っている学生の方や経理職に転職予定の方」

　ビジネスの世界では、全てのビジネスパーソンが身につけておくべきスキルがありますが、「会計」はその最たるもののひとつであると言っても過言ではないでしょう。
　本書は、会計に関する知識は大して持っていないけれども、異動や昇進などの機会において「会計」のスキルを身につけようと考えているビジネスパーソンの方向けに執筆をしました。
　本書の前半は、会計の基本的な役割や、財務会計や管理会計のベーシックなテーマについて説明していきますが、簿記の知識なしに直感的に理解できるよう、できるだけ身近なものを例に使ってわかりやすさを追求しています。
　普段の生活での出来事とビジネスにおける「会計」が近しいものに感じていただければ、「会計」との距離はグッと縮まることでしょう。
　後半では、予算管理や経営分析など、より実務的なテーマを取り上げています。
　公表されている IR 情報を使っての分析や設例を使った演習を取り入れているので、自分で手を動かして数字を出すことで理解がより深まる

ことでしょう。

　「会計」は、経理部門だけにかかわるものではなく、会社のあらゆる部署で関連性があるということを、本書を通じて理解していただき、今後のビジネスの世界での皆さんの活躍に一役買うことができれば望外の喜びです。

　最後に、執筆に際してアドバイスをしてくれた CS アカウンティング株式会社の平野真理子さんと海野雅さん、本書の出版に当たってご助力をいただいた株式会社日本能率協会マネジメントセンターの早瀬隆春様に感謝申し上げます。

　令和 2 年 3 月

中尾 篤史

Contents

第3章 財務会計の貸借対照表

第 **4** 章　財務会計のキャッシュフロー計算書

第 **5** 章 管理会計

第 8 章 : 経営分析

第 **9** 章 税務会計

第 **1** 章

会計の役割

▶ 会計は、経理部門にだけ特有の知識でしょうか。経理部門以外でのかかわりを知るとともに、会計でできることを学びます。

▶ 財務会計と管理会計の違いは何なのか、それぞれの役割を知ることでビジネスシーンにおける活用の幅が広がります。

▶ IFRS 導入企業は、年々増加しています。従来の日本基準との大きな違いを知ることで今後の経済ニュースを見る時のヒントになるでしょう。

① 会計とのかかわり

♦ 日々の業務が会計とつながっている

　「会計」というと、会社の組織では「経理」の部門が知っておくべき
スキルであって、経理関係者以外は知らなくても良いと思っているビジ
ネスパーソンも少なからずいると思います。

　さらに、会計というのは知っておいた方が良いけれど、日々のビジネ
スシーンではあまり活用しないと思っている方も多いのではないでしょ
うか。

　ただ、実は会計の知識は全ての部門の業務にかかわりがあり、それも
日々何らかのかかわりがあるといっても過言ではありません。

　営業部門に配属されている方であれば、引き合いがあった案件につい
て見積書を作成して、それが受注に結び付けば契約をし、その後に商品
あるいはサービスを納品することにかかわることでしょう。納品後は請
求をして、その後入金をしてもらって一連の業務が完了することになり
ますね。

　この一連の業務の中で、請求書の発行や入金処理という事象が起きて
いますが、その際に「会計」が動いているのです。請求書を発行したの
であれば、その段階で会社として売上を認識しています。代金の入金が
なされたのであれば、その時点で会社の債権（お金をもらう権利）が現
金預金に変わっているのです。これらの記録をするのが会計ですが、営
業部門のメンバーの実績を記録しているともいえます。ですから、営業
部門に属しているとしても、いつも裏で会計が動いているということを
認識して仕事をしていると、仕事の視野が広がっていくことは間違いあ
りません。

　日々の経費の申請も同じです。交通費や飲食費など、使った経費を申
請することは多くのビジネスパーソンが日常的に行う行為ですが、申請

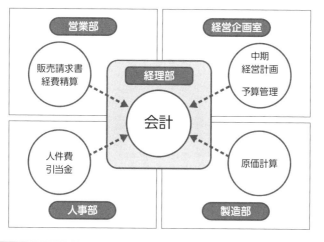

図表 1-1　経理部門以外でも会計は動いている

営業部

販売請求書
経費精算

経理部

会計

経営企画室

中期
経営計画

予算管理

人件費
引当金

人事部

原価計算

製造部

をした段階で会計が裏では動いていて、それらの経費が会社の帳簿に記録されています。その結果、経費の実績は損益計算書という儲けの具合を表す書類に反映されるのです。

　経営企画室に所属の方であれば、会社の中期経営計画等を策定したり、社内の予算をとりまとめたりすることがありますね。この際にベースとなるのが決算書の情報等、会計にかかわるものです。また、人事部で作成される人件費データが決算書の引当金という項目に利用されます。

　このように日々の活動が会計と結びついているのだと思うと、経理部門にいない方でも親近感が湧いてこないでしょうか。

◆ 経営の羅針盤としての機能

　最近では一定期間会社に勤めて技術を習得した後に起業をする方も増えてきていますが、起業をした段階で必要になるのは経営能力です。経営能力にはサービスのマーケティングなど攻める分野もありますが、会社を守る分野のマネジメント能力も求められます。

　マネジメント領域に関しては、人事労務的な人の問題やITの活用、

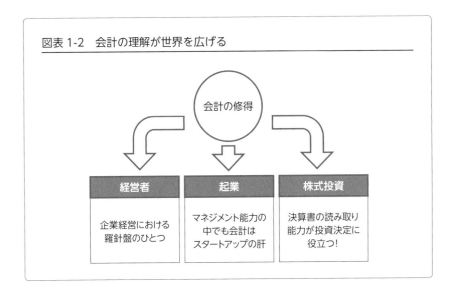

図表 1-2　会計の理解が世界を広げる

会計の修得

経営者	起業	株式投資
企業経営における羅針盤のひとつ	マネジメント能力の中でも会計はスタートアップの肝	決算書の読み取り能力が投資決定に役立つ!

セキュリティ対策といったシステム面の課題もありますが、会計や財務といった領域も非常に重要な要素としてあります。

　会計の知識が全くないままに経営のかじ取りをするのは、海図がないまま航海に出るのと同じくらい危険なことかもしれません。会計は、企業経営を支える羅針盤のひとつであるといえますので、これから学ぶ会計の基本を習得することは、ビジネスパーソンとして生きていくための武器をひとつ得ることになるのです。

　実は、ビジネス以外の局面でも会計は我々に力を与えてくれます。

　株式投資をしている方にとっては、投資先の判断にも非常に役に立ちます。著名な投資家であるウォーレン・バフェット氏は、投資を判断するに際して入念に投資先の決算書を分析するそうです。上場している会社の決算書である有価証券報告書は誰でも見られるようになっているので、私たちも見るポイントさえ押さえることができれば、一流の投資家と同じことを実践することができるのです。

　家計でのお金のやりくりも会計的な視点を持つことができれば、それを応用することで、家計の改善にも役立たせられます。逆に会計のこと

を理解する際に、身近な家計のことを思い浮かべ、それを会社の会計に
あてはめると、スッと理解が深まるケースもあります。

　第2章、第3章では会計の中でもポピュラーな損益計算書や貸借対照
表について触れますが、馴染みやすいように家計の例をいくつか使いな
がら解説をします。

　日常的に会計とともに過ごしているというイメージをもって、会計の
基本を学んでいきましょう。

✔ ここだけチェック

会計は、各種会社業務と関係性が高く、経営の羅針盤となる

2　会計でできること

　ビジネスツールとして欠くことのできない会計ですが、会計が担って
いる役割やできることは何なのかを見てみましょう。

♦ 過去を記録する

　会計が担ってくれている役割のひとつが、過去の会社の実績を記録し
てくれるということです。

　会社が儲かっているのか、損をしているのか、十分な財産を持ってい
るのか、借金が多くて経営が危ない状態なのかといった疑問に答えられ
るように、会計は過去の会社の実績を正確に記録してくれます。

　そして重要なのは、記録の仕方はほぼ同じルールに基づいて行われる
ので、他社と比較する場合においても比較可能性が高いということです。

　人事評価制度は各会社で定められていますが、基本的に各社各様です。
そのため、ある会社では、A（良）判定となる社員であっても、別の会
社で働けばC（不良）判定になるということもあり得ます。これは、人
事評価のルールについて、全ての会社で統一して決まったものがないか
らです。また、同じ会社であったとしても、人事評価の重きを置くポイ

ントが年度によって変わることも少なくありませんので、過去にＡ判定の人でも、新たな評価制度に基づくとＣ判定なんていうことも普通に起きてしまいます。

これに対して、会計では、基本的にルールが統一されていますので、過去の年度と比較する場合や同業他社と比較する場合も、その結果を素直に受け取るしかありません。つまり、結果に対してどのように対策を練っていくべきかを議論することはあっても、判定のもととなるルールがおかしいなどという議論にはならないのです。

◆ 未来に関する提言も

会計は過去の実績を記録するだけのものというように思っている方もいるかもしれませんが、もうひとつの役割として未来のための情報提供をするという役割も担っています。

後ほど解説しますが、過去の実績を決まったルールで記録する財務会計という分野は、まさに過去実績を表すものですが、管理会計といわれる会社独自で設計ができる会計の分野は、過去の実績を使いつつも、将来の予測に役立つことを目指します。また、予算との対比を行い、当初立てた計画との乖離を分析することで、今後の行動計画策定の道しるべを示してくれます。

会計は、過去の実績を記録するとともに未来の経営への提言をしてくれるという意味でも、企業経営という航海の羅針盤といえます。

◆ 記録は金額で表現

会計の特徴には、記録し、表現する際に使う単位が金額になるということもあります。

良い会社なのか悪い会社なのかを示す単位が、お金の測定に使われる金額です。「儲かりまっか？」「ぼちぼちでんな」といったようなファジーな表現を使うことはなく、「１億２千万円利益が出ました。」とか「300万円の損となりました。」といったように、どの会社も会計を使う場合は金額で表現されるのです。

図表 1-3　会計の役割

過去の記録	単価は金額	未来への提言
会社の実績が財務会計で明らかになる	会社の活動がお金で表現される	将来のために使われる管理会計

PAST　¥　FUTURE

そのため、前年との比較や他社との比較も明確にできます。

このように金額だけが物差しとなってしまいますので、ある意味で限界もあります。金額として表現できない役員や従業員のモラルの高さや経営理念の浸透度合いなどは、会計では表現されていない事項のひとつです。

ただ、会計は過去と未来を、金額という単位を使って表現することができるツールですので、会社のどこの部署に属していようとも、そこから提供される情報は有益なのです。

✔ ここだけチェック

過去と未来を金額で表現するのが、会計

3　会計の様々な種類

♦ 共通に適用される財務会計

会計は大きく、財務会計と管理会計の2種類に分類されます。

財務会計は、法律等で定められたルールに則って作成がされるもので、

図表 1-4　財務会計の３区分

区分	対象	主な作成書類
会社法	すべての会社	計算書類・事業報告
法人税法	すべての会社	法人税申告書
金融商品取引法	上場企業等	有価証券報告書 四半期報告書

基本的に過去の実績が記録されます。

　財務会計の中でも、主に３つの分類があります。

　1つ目は、会社法に基づく会計です。会社法に従って決算をすることは、すべての日本の会社に義務付けられているものですが、会社法決算がそれに該当します。

　会社法では、株主および債権者の保護を目的に、配当可能利益の算出ルールも定めています。そして、会社法決算では、計算書類と呼ばれる決算報告書の他に事業報告とよばれる定性的な情報も作成することになります。

　2つ目は、税務会計です。法人税は、課税の公平性を目的として、課税のもととなる課税所得の求め方を定めています。税務会計は、法人税を計算するために適用されるもので、基本的に会社法決算で確定した決算数値をもとに計算が行われます。税務会計も原則としてすべての会社に適用されます。

　3つ目は、金融商品取引法に基づいて、上場企業や一定額以上の有価証券を発行・募集する会社のみが対象となるものです。金融証品取引法では、投資家保護の観点から投資判断に必要な情報の開示方法を規定しています。上場している会社は、有価証券報告書を作成して株主をはじめとして投資家や利害関係者に会社の業績を開示しなければなりませ

図表 1-5　株式会社の決算公告

会社の区分	株式譲渡制度	決算公告内容	開示方法
大会社 （※）	有	貸借対照表 損益計算書	官報 日刊新聞紙 Webサイト
	無	貸借対照表 固定資産の内訳 損益計算書	
大会社以外	有	貸借対照表	
	無	貸借対照表 固定資産の内訳	

※大会社：資本金5億円以上または負債総額200億円以上の会社

　ん。また、四半期ごとに四半期報告書も作成する必要があります。

　有価証券報告書は原則として決算終了後3カ月以内に開示をする必要がありますが、有価証券報告書は各社のホームページ等に原則掲載されていますので、誰でも閲覧することが可能です。のちに解説する経営分析という手法を使う際は、上場企業の決算書を使って比較分析を行いますが、この場合に有価証券報告書は有益な情報源となっています。

　なお、上場企業以外の場合は他社の決算情報の収集は容易ではありません。すべての株式会社に決算公告を行うという義務がありますが、必ずしも公告を実施していないからです。決算公告とは、決算終了後に決算の概要を官報、日刊新聞紙面、自社の Web サイトなどに掲載する制度です。3番目の自社の Web サイトなどに掲載して不特定多数の人が閲覧できるようにする方法は、電子公告と呼ばれています。

　公告をしなかった場合の罰則規定もありますが、中小企業を中心にあまり掲載していないのが実情です。また、公告を行ったとしても資本金が5億円以上あるいは負債総額が200億円以上の、会社法の「大会社」という部類に該当しなければ、損益計算書は掲載せずに貸借対照表だけ

を公告すれば良いというルールになっていますので、中小企業に関しては公告される情報が少ないです。

さらに、税務会計に関しては法人税の申告書というものが作成されますが、外部に公表する必要はありませんので、自社以外の申告書を見るという機会はめったにないのが現実です。

◆ 管理会計は各社で自由設計

次に管理会計ですが、これは法律等の制度で決まりがあるものではなく、各社が自由に設計できるものです。

財務会計が外部の利害関係者に過去の実績数値を決まったフォームで作成して開示するのに対して、管理会計の目的は、社内のメンバー、主として経営を担う管理者に、将来の意思決定に役立つための情報を提供することにあります。

そのため、会社ごとにその内容は異なってくることになります。

例えば、利益の定義は財務会計では決まりがありますが、管理会計における利益は各社が自由に会社の特徴に合わせて設定することが可能です。

図表1-6　管理会計は会社ごとに策定

管理会計利益		財務会計利益	
	(単位：千円)		(単位：千円)
売上高	1,000,000	売上高	1,000,000
コンサルタント人件費	360,000	売上原価	800,000
業務委託費	40,000	売上総利益	200,000
直接原価控除後利益	600,000	販売費及び一般管理費	120,000
		営業利益	80,000

会社独自のルールで計算
人事評価やボーナス決定に活用

ひな形は決まっている

　図表1-6のケースでは、コンサルティング業を営んでいる会社が、クライアントからもらう売上からコンサルタントの人件費と外部委託した時に支払う業務委託費を引いた利益が重要な指標だと考えて、財務会計で算出される利益以外に会社が重要と考えたこの利益を別途算出しています。その上で、算出された利益をコンサルタントのチームや個人の評価に使うのです。

　それ以外にも管理会計の領域では予算を策定して、予算と実績の乖離（かいり）を分析するといったことも行われます。

　予算の策定や分析は、財務会計では特に実施を強要されておりませんので、会社の任意で実施を決めることができます。

　一般的には、会社が成熟するにしたがって管理会計に磨きがかかってくるケースが多いです。会社ができた当初は、まずは過去の実績を中心とした必要最低限の財務会計を実施するのが精一杯ですし、管理会計的な側面まで実施してくれるスタッフを確保することは難しいのが実情です。会社が軌道に乗ってくるにしたがって、会社の人事評価に管理会計を使ったり、IPO（証券取引所に株式を上場したりすることをいい、株式公開ともいいます。）を目指すとなると財務会計の結果だけでは物足りなくなり、会社をより成長軌道に乗せるために管理会計を導入し始める会社が多いのです。

　ただ、最近は起業したての頃から財務会計のみならず、管理会計を導入するような若手経営者にお会いするケースもあります。これは、他社の成功事例が書籍やネットを通じて共有されていることが影響している

図表1-7　過去視点から未来視点へ

過去視点
財務会計

未来視点
管理会計
予算管理

かもしれません。

　今、この本を読んでいる読者の方もそのような感度の高い方かと思います。

✔ ここだけチェック
> ルールに基づいて行うのが財務会計で、自由度が高いのが管理会計

4 IFRS の登場

♦ 世界130カ国以上での導入実績

　世界に目を向けると、会計というひとつの道具も、国によって財務会計のルールが異なっており、経済のグローバル化の中で異なる国の会社について会計を見比べることは容易ではありませんでした。それを是正して国際間での比較可能性を高くしようというコンセプトの上で、世界的に導入されたのが IFRS です。

　IFRS とは、世界的に利用されることを目的に国際会計基準審議会によって設定される会計基準の総称のことをいいます。

　IFRS は、International Financial Reporting Standards の略称で、日本語では国際財務報告基準と呼ばれています。

　IFRS は世界130カ国以上で導入がされています。ただ、世界の経済大国であるアメリカは独自の会計ルールを持っており、IFRS を適用していません。

　日本においては、日本基準を保持しながら IFRS との差異を縮小することによって、IFRS と同様の会計基準を採用しようとする「コンバージェンス」というアプローチを進めてきました。

　その過程において、日本では、IFRS の強制適用はされておらず、任意適用とされています。

　任意適用というのは、全ての上場企業が IFRS を適用する必要はなく、

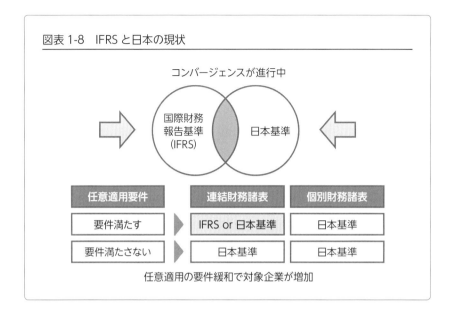

図表 1-8　IFRS と日本の現状

コンバージェンスが進行中

国際財務報告基準（IFRS）

日本基準

任意適用要件		連結財務諸表	個別財務諸表
要件満たす	▶	IFRS or 日本基準	日本基準
要件満たさない	▶	日本基準	日本基準

任意適用の要件緩和で対象企業が増加

以下の要件を満たす会社のうち、IFRS を適用したいと希望する会社は IFRS 適用が可能という方法です。

　IFRS を任意適用する企業を増やしたいという意向のもと要件が緩和されて、現在は次の要件を満たした場合に、IFRS を適用することが可能です。

　また、日本における IFRS の任意適用は、あくまでも連結財務諸表のみに認められており、個別財務諸表は引き続き日本基準に基づいて作成する必要があります。

　任意適用が可能な要件は次の通りです。

①**有価証券報告書において、連結財務諸表の適正性を確保するための特段の取組みに係る記載を行っていること**

②**IFRS に関する十分な知識を有する役員又は使用人を置いており、当該基準に基づいて連結財務諸表を適正に作成することができる体制を整えていること**

　以前は、上場企業であるということも要件のひとつでしたが、緩和に

よって撤廃されました。そのため、IPO を目指す会社も、上場前から IFRS を適用することが可能となりました。

2020 年 1 月現在、約 220 社が IFRS の任意適用を選択しています。

IFRS と日本の財務会計はかなり近しいものになっておりますが、いくつかの違いがあります。ここでは「原則主義」と「のれんの償却」という 2 つの点について、その違いを説明します。

◆ 原則主義

IFRS は「原則主義（プリンシプルベース）」と言われています。これに対して日本基準は、「細則主義（ルールベース）」と言われています。

IFRS には、詳細なガイダンスというものがないのと、判断基準の目安としての数値基準がないことが特徴です。基本的なスタンスとして、原理・原則を示すので、企業がそれに基づいて判断すべきという立ち位置です。そのため、IFRS は原則主義を採用していると言われているのです。

あまり詳細にルールを制定してしまうと、その要件を満たさないようにするスキーム（手法）を考えたりする企業が出てきてしまって、類似の経済取引があったとしても会計処理が異なってしまうおそれがあるために、ルールベースにしていません。

日本の今までの会計慣行では、ルール通りに処理することに慣れていましたが、IFRS を適用する場合、原則主義になるので企業の判断が重要になってきます。

◆ 「のれんの償却」の考え方

IFRS と日本基準の違いで大きな影響がでるのが、「のれん」の処理です。

「のれん」とは、M&A で企業を買収した際に、買収価格が、その会社の純資産を上回った金額のことをいいます。純資産という言葉は、後ほど第 3 章で説明しますが、会計用語でよく出てくるもののひとつです。ここでは、純資産とは、会社の財産と債務の差額と思ってください。

　例えば、過去から蓄積された会社の財産が80億円で債務が30億円の場合は、純資産は50億円となりますが、この会社を70億円で買収したとします。買収価格の70億円から純資産50億円を差し引いた20億円がのれんとなります。

　こののれんを毎年の費用として認識するかどうかで、日本基準とIFRSが異なるのです。

　日本基準の場合は、20年以内の期間で費用化を図っていきます。後ほど用語として出ますが、「償却」という手続きを通じて費用化をしていきます。仮に20年で償却をする場合は、1年間1億円の費用が発生するのです。

　これに対して、IFRSでは「のれんの償却」というものは行いません。つまり、費用化がされないのです。日本基準では費用化がされ、IFRSでは費用化がされないのであれば、M&Aが盛んな会社の場合、IFRSを選択しようと考えますよね。

　ただ、費用化に関して全くしないのかというとそうではありません。のれんの価値が著しく下落した際には、減損処理という一気に費用化する処理を行われなければなりません。減損処理というのは、収益性が著しく低下した際に、帳簿価額（会計上の評価額、「簿価」とも呼びます。）を切り下げる処理をいいます。

　先ほどの例の20億円ののれんのケースで言えば、買収して3年後に買収した会社の価値が大幅に下落してのれんの価値が5億円しかないと判定された場合は、その時点で15億円を一気に費用化する必要があるのです。

　「のれんの償却」がないというメリットを活かす意図でIFRSを選択した企業でも、買収先の収益性が悪化した場合は損失が一気に計上されるリスクがあるということです。

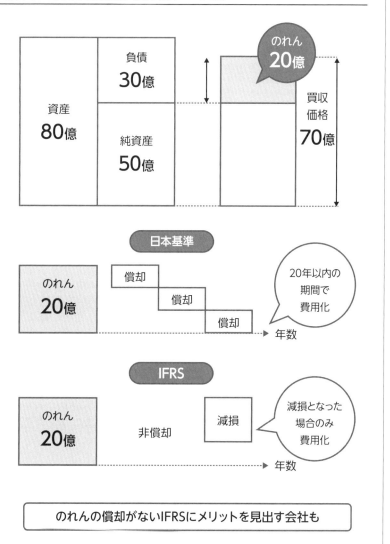

第 **2** 章

財務会計の損益計算書

- ▶ 損益計算書は、財務3表のひとつで、会社の儲けを示しますが、損益計算書を理解するには、「利益＝収益－費用」の公式が便利です。

- ▶ 損益計算書では、収益は3つに、費用は5つに分類されて、5つの利益が段階表示されることが特徴です。家計の儲けと対比しながら学べば、理解は深まることでしょう。

- ▶ 税効果会計は、会計特有の論点ですが、設例を使ってわかりやすく解説しますので、思われているほど難解ではなく、理解ができると損益計算書を見る視野が広がるでしょう。

1 損益計算書とは

♦ P/Lは儲けの成績表

　財務会計の世界では、基本となる3つの書類、通称「財務3表」といわれるものがあります。

　会社の財政の状態や儲けの状態を表す財務諸表（一般的には、決算書といいます。）のことですが、損益計算書、貸借対照表、キャッシュフロー計算書の3つを財務3表と呼びます。

　英語では、損益計算書はプロフィット＆ロスステートメント（Profit & Loss statement）のためP/L、貸借対照表はバランスシート（Balance Sheet）なのでB/S、キャッシュフロー計算書はキャッシュフローステートメント（Cash Flow statement）なのでC/F、という略称で呼ばれることも多いです。

　これから財務3表を理解するにあたって、身近な例で理解がしやすいように、本書では家庭などの私生活とひもづけて説明する場面もありますので、イメージを膨らませながら読み進めてください。

　まずは、P/Lという略称で呼ばれることもある損益計算書から確認をしていきましょう。

　損益計算書は一言で言うと儲けの成績表といえます。そして、他の会社と比較ができる成績表です。

　学生時代に時計を戻して考えると、通知表などの成績表がありましたよね。人は比較する生き物といわれますので、当然周りの人の成績が気になったこともあったと思います。比較するというと、大人になると友人や同僚の収入や他人の家計が気になる人も多いのでないでしょうか。

　収入に関してだと、どれだけ給料をもらっているのか？不動産を持っていて副業でどれだけ稼いでいるのか？親が裕福で家を買うのに贈与してくれているのではないかなどなど……。家計の支払いに関しては、食費はどれくらいか、教育費にどれだけかけているかなどなど……。

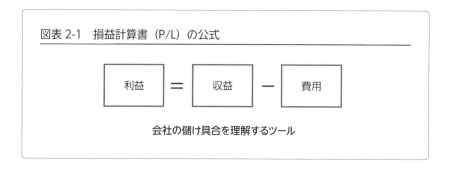

図表 2-1　損益計算書（P/L）の公式

| 利益 | ＝ | 収益 | － | 費用 |

会社の儲け具合を理解するツール

なかなか個人や家庭の稼ぎ具合を知ることはできないのですが、会社の場合は、稼ぎの状況、つまりは儲け具合を教えてくれる報告書があります。それが、損益計算書なのです。損益計算書は、基本的に1年間という期間の会社の稼ぎ状況を知ることができる成績表です。

財務3表の理解をする際に3つの公式があります。3つの公式はこれからビジネスの世界で生きていくにあたって有益なものとなりますので、是非とも覚えてください。

損益計算書を見る時の重要な公式は次の通りです。

損益計算書の公式　「利益＝収益－費用」

算式の意味は、「利益」という儲けは、「収益」という外から稼いでくるものから、「費用」という外に支払うコストを引いた残りで計算されるということです。損益計算書では、収益と費用が取引の内容ごとに表示されます。

◆ 発生主義、実現主義、費用収益対応の原則

損益計算に関して、基本的な3つのルールがあります。3つとは、発生主義、実現主義、費用収益対応の原則で、それぞれの内容は次の通りです。

①**発生主義**：収益ではあまり使われず、主として費用の計上ルールで

す。費用（収益）を現金の支出（収益の場合は、入金）と関係なく、経済的事象が発生した事実に基づいて計上することによって、発生した期間に正しく割り当てるルールをいいます。

②**実現主義**：収益の計上ルールです。収益について、対価を受け取ることが確実となった時点で計上するルールをいいます。

③**費用収益対応の原則**：損益の期間対応に関するルールです。同じ会計期間に実現主義に基づいて計上した収益に対して、対応する費用を同じ会計期間の期間費用とし、各収益項目とそれに関連する費用項目とを損益計算書に対応表示するというルールです。

会社は、生き残りをかけるために毎年毎年が勝負です。１年間の損益計算書だけがいいからといって生き残ることはできません。受験を経験した方であれば、模擬試験の結果は１回の成績だけを見るのではなく、過去の模試の結果の推移で課題を確認して、成績アップを目指したように、会社も損益計算書という成績表の分析が重要になってきます。

◆ 家計の儲けを会社にあてはめてみる

それでは、損益計算書を理解するため、まずは家計の儲けについて見てみましょう。

最近では夫婦共働きの家計が増えていますが、一家４人の家庭で父親だけが仕事をしているとしましょう。この場合は、父親の給料で家計を賄っている状態です（図表2-2）。ただ、給料以外に収入がある家計もあるでしょう。例えば、母親がデイトレーダーとして株式投資をしているケースや親の代から受け継いでいるアパートで不動産収入があるケースなどです。会社に置き換えて考えた場合でも、このような外部から得る稼ぎが収益となります。

次に、家計でかかる費用ですが、食事代、水道光熱費、教育費、娯楽費、お小遣いなんていうものがありますね。図表2-2を見ていただくと費用の合計で38万円かかっています。会社に置き換えた場合でも、かかるコストが損益計算書の公式の費用に該当しますが、この家庭では、

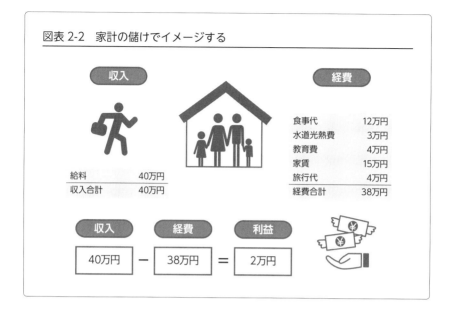

図表 2-2　家計の儲けでイメージする

収入

経費

食事代	12万円
水道光熱費	3万円
教育費	4万円
家賃	15万円
旅行代	4万円
経費合計	38万円

給料	40万円
収入合計	40万円

収入	経費	利益
40万円	－ 38万円	＝ 2万円

収入でコストがまかなえているようです。

　余剰として2万円残っていますが、この余剰が儲けで、損益計算書の公式の利益に該当するものです。

　それでは、次に会社の場合で考えてみましょう。

　図表2-3は、実際に決算公告されている損益計算書のサンプルを掲載しています。

　決算公告で掲載される損益計算書はシンプルな様式になっています。より詳細な項目の並ぶ損益計算書も存在しますが、決算公告のもので要素として必要なものが十分詰まっているので、こちらで確認してみましょう。

　まずは収益ですが、本業から生まれる収益を会計では「売上高」として表示します。そして本業以外から生じる収益は「営業外収益」として計上されます。いずれも、外から入ってくる収入なので、儲けの源泉といえます。

　続いて費用ですが、会社の決算書で考える場合は、費用の名称を大項

図表 2-3　損益計算書のサンプル

損益計算書の要旨
自　平成29年11月 1 日
至　平成30年10月31日

（単位：億円）

科目	金額
売　　上　　高	2,098
売　上　原　価	1,846
売　上　総　利　益	252
販売費及び一般管理費	218
営　業　利　益	33
営　業　外　収　益	32
営　業　外　費　用	0
経　常　利　益	66
特　別　損　失	23
税引前当期純利益	42
法　人　税　等	15
当　期　純　利　益	25

日本ヒューレット・パッカード株式会社の決算公告より

目としていくつかに区分します。具体的には、「売上原価」、「販売費及び一般管理費」、「営業外費用」、「特別損失」、「法人税、住民税及び事業税（決算公告のサンプルでは「法人税等」となっています。）」に区分されます。かかっている費用について、その内容や頻度等によって、名称を区分することで決算書を読む人が理解しやすいようにしているのです。

✔ ここだけチェック

損益計算書からは、会社の儲けがわかる

2　5つの利益を知る

　前のパートでは損益計算書は会社の成績表と言って学生時代を思い出してもらいましたが、成績表というと、より子供の頃に学校の先生から渡された「あゆみ」などといった成績表を思い出された方も多いと思い

ます。小学校の成績表は、国語、算数、理科、社会、体育といった教科ごとに成績が記載されていましたよね。

　損益計算書も、学校の成績表が教科ごとに区分されているのと同じように、利益という儲けを示す指標が5区分に分かれて記載されているのです。個人の稼ぎで考えても、本業のお給料でどれだけ稼いだか、副業の不動産や臨時の贈与でどれだけ稼いだかといったように、取引の内容ごとに区分して儲けがわかると稼ぐ力を分析しやすいですよね。

　損益計算書は、そのような期待に応えて取引の内容ごとに稼ぎがわかるようになっているので、会社が本業で強いか、副業で何か問題が起きていないか、あるいは突発的な事象が起きていないのか、といったことが手に取るようにわかる工夫が施されています。

♦ 取引は3つに区分する！

　儲けを表すために損益計算書では、収益や費用を計上するのですが、儲けを3区分にして報告するため、収益や費用も3つに区分します。

　そもそも3区分で報告するということですが、家計のお金で考えた場合、儲けはどのような取引ごとに分けるとわかりやすいでしょうか。恐らく本業と副業、それとまれにしか発生しないような特殊な出来事の3つに区分することができると思います。例えば、本業とは会社員であれば給料をもらうことで、副業はインターネットで株の売買をしたり、フリーマーケットで洋服を売ったりするようなサイドビジネスが該当します。そして、最後のまれな出来事としては、祖父からタダで土地をもらった場合や、長年使っていた家電製品を廃棄処分したような場合が考えられます。

　会社でも同様に、通常行われる本業での営業取引、お金の貸し借りや運用などの財務取引（金融取引といった方がなじみやすいでしょうか。）、それ以外の特殊な取引の3つの区分に取引を分けて、その区分ごとに損益計算書に収入と費用を計上します。取引ごとの収入と費用の名称は、それぞれ次の通りです。

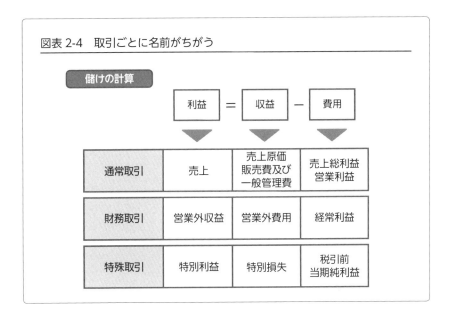

図表 2-4　取引ごとに名前がちがう

儲けの計算

利益 ＝ 収益 － 費用

	利益	収益	費用
通常取引	売上	売上原価 販売費及び 一般管理費	売上総利益 営業利益
財務取引	営業外収益	営業外費用	経常利益
特殊取引	特別利益	特別損失	税引前 当期純利益

　本業での営業取引について、収益は「売上高」、費用は「売上原価」と「販売費及び一般管理費」で、利益は売上高から売上原価を引いたものが「売上総利益」、そこから更に販売費及び一般管理費を引いたものが「営業利益」となります。

　財務取引について、収益は「営業外収益」、費用が「営業外費用」となり、先ほどの営業利益に営業外収益をプラスし、営業外費用をマイナスしたものが「経常利益」となります。

　最後に、特殊取引について、収益は「特別利益」、費用は「特別損失」となり、経常利益に特別利益をプラスし、特別損失をマイナスしたものが「税引前当期純利益」となります。

◆ 3つの収益、5つの費用、5つの利益

　各名称を会社の損益計算書に落とし込んでいったものが、図表 2-5 にある会社の損益計算書です。

　まず、確認していただきたいのは、「営業損益の部」、「営業外損益の部」、「特別損益の部」という名称です。先ほど説明した3種類の儲けがそれ

ぞれの部に計上されます。具体的には、通常取引が「営業損益の部」に、財務取引が「営業外損益の部」に、特殊取引が「特別損益の部」に取り込まれます。

次に、それぞれの区分ごとに収益や費用がありますが、収益については3つ（売上高、営業外収益、特別利益）、費用については4つ（売上原価、販売費及び一般管理費、営業外費用、特別損失）あります。さらに、費用については、下から2行目に「法人税、住民税及び事業税」という税金に関する費用が、「特別損益の部」で計算された「税引前当期純利益」の下に別途ありますので、合計で5つあります。そして、それぞれの収益から費用を差し引いた残りが利益ですが、利益は5つ（「売上総利益」、「営業利益」、「経常利益」、「税引前当期純利益」、「当期純利益」）あります。このように、損益計算書の中には、3つの収益と5つの費用、5つの利益が掲載されているのです。

図表 2-5　3つの収益、5つの費用、5つの利益

家計のP/L			会社のP/L			
通常取引			営業損益の部			
給料	XXX		→売上高	1,000	◎	◎3つの収益
			売上原価	△600	△	
			売上総利益	400	○	
家賃・食費	△XXX		→販売費及び一般管理費	△150	△	
			営業利益	250	○	
財務取引			営業外損益の部			
株の配当	XXX		→営業外収益	60	◎	△5つの費用
住宅ローン金利	△XXX		→営業外費用	△80	△	
			経常利益	230	○	
特殊取引			特別損益の部			
おじいちゃんから贈与	XXX		→特別利益	100	◎	
テレビの廃棄	△XXX		→特別損失	△80	△	
			税引前当期純利益	250	○	
所得税・住民税	△XXX		→法人税、住民税及び事業税	△100		○5つの利益
儲け	XXX		→当期純利益	150	○	

改めて３つの収益、５つの費用の中身を見てみましょう。それらがわかれば、結果として算出される５つの利益の意味がわかることになり、損益計算書を読むことは簡単に感じられるのではないでしょうか。

まず、３つの収益の意味は次のように整理できます。

売上高…………本来の営業活動から生じた収益をいいます。

営業外収益………本来の営業活動以外から生じた収益で、受取利息や受取配当金などの財務活動から生じた収益のことです。

特別利益…………臨時的に発生した収益で、固定資産売却益などがあります。

次に５つの費用の意味は次の通りです。

売上原価…………売上高に対応する製品の製造原価、商品の仕入原価をいいます。

販売費及び一般管理費………販売費とは販売活動をするに際してかかってくる費用です。これに対して一般管理費とは、販売活動の多寡に関係なく会社を運営していくためにかかってくる費用です。

営業外費用………金利等の営業活動以外から生じた費用です。

特別損失…………臨時的に発生した費用で、固定資産売却損などがあります。

法人税、住民税及び事業税……利益に対してかかってくる税金です。

最後に、収益と費用から算出された５つの利益は何を表しているのでしょうか。

売上総利益………売上高から売上原価を差し引いたもので、粗利とも

言われています。会社が生み出した付加価値を表します。

営業利益…………売上総利益から販売費及び一般管理費を差し引いたもので、本業での営業活動の結果生じた利益を表します。

経常利益…………営業利益に営業外収益をプラスし、それから営業外費用をマイナスしたものです。本業の営業活動に財務活動を中心とした副業も加味した利益で、通常この利益で会社の業績判断をします。「ケイツネ」と呼ばれることもあります。

税引前当期純利益………経常利益に特別利益をプラスし、それから特別費用をマイナスしたもので、臨時的に生じた活動も加味した税金を差し引く前の会社の利益の全てです。

当期純利益………税金を差し引いて残る会社の最終的な儲けです。

✔ ここだけチェック

利益を5つに区分するために、収益は3つに、費用は5つに区分する

---

③ 本業としての営業利益

◆ トップラインはP/Lの最上位に配置

「会計の世界では単位は金額です」と説明しましたが、ある意味その数字で会社の善し悪しが判断されますので、シビアな世界です。

家計で言えば、仕事に行って稼いできてくれる人の本業での収入をあてにするのと同じように、会社も外からもらう収入があってはじめて会社が成り立ちますので、本業の収入である売上は会社にとって非常に重要な生命線です。

ここでは、本業の儲けを表している「営業損益の部」の中身を見ていきます。先述の通り、会社の生命線は売上であるため、「売上高」が一番上に表示されることになります。一番上に表示されていることから、ビジネスの世界では、売上のことを別名「トップライン」とも呼びます。

　本業での売上が十分ないことには、その下で計上されている費用をまかなうことができませんので、本業での営業努力の結果である売上の規模に、決算書の読者は注目します。

　売上高の下は、売上に直接対応する費用である「売上原価」が計上されます。家電量販店会社の例で考えると、販売した家電商品を仕入れた際、メーカーに支払った代金のことです。この売上原価を売上高から差し引いた残りが「売上総利益」で、「粗利」とも言われています。仕入れた商品や原材料を加工して製造し、その製品を外部に販売した際に生み出された儲けなので、会社が創りだした付加価値といえます。

◆ 収益認識のタイミング

　それでは、一番上に鎮座している売上高ですが、いつ損益計算書に売上として計上されるのかを考えてみましょう。

　商品の引き合いから始まって商品の代金を回収するまでの流れは、概(おおむ)ね次の通りです。

　問い合わせを受けて、契約締結して発注をもらった後に商品を発送して、お客さんが商品を受け取った後に請求をして、その後入金されるという流れが一般的です。

　では、いつの時点で売上として認識するかですが、販売という行為が実現した段階で認識することとなります。今回のケースの場合ですと、商品を出荷した段階や、納品・検収が完了した段階で認識することになります。この段階で、お客さんに代金を請求することができるという権利が発生しているのです。お金自体はまだ入ってきていませんが、権利が発生しているので、収益として認識するのです。このように現金が入ったかどうかにかかわらず、権利が発生して実現した時点で認識することを「実現主義」といいます。費用の方も、まだお金が出て行っていなく

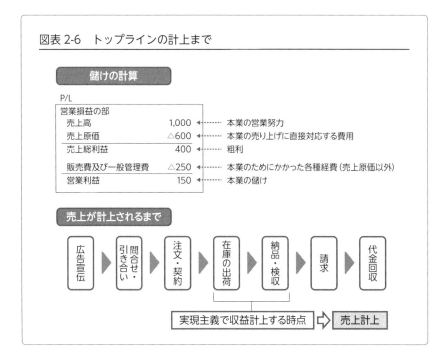

図表2-6　トップラインの計上まで

儲けの計算

P/L

営業損益の部		
売上高	1,000	◀‥‥‥ 本業の営業努力
売上原価	△600	◀‥‥‥ 本業の売り上げに直接対応する費用
売上総利益	400	◀‥‥‥ 粗利
販売費及び一般管理費	△250	◀‥‥‥ 本業のためにかかった各種経費 (売上原価以外)
営業利益	150	◀‥‥‥ 本業の儲け

売上が計上されるまで

広告宣伝 ▶ 問合せ・引き合い ▶ 注文・契約 ▶ 在庫の出荷 ▶ 納品・検収 ▶ 請求 ▶ 代金回収

実現主義で収益計上する時点 ⇨ 売上計上

とも、サービス等の費消の発生した段階で費用を計上することになりますが、このことを「発生主義」といいます。

　収益の認識をした段階では、お客さんに請求しているだけでお金は入っていませんが、請求できる権利が発生していますので、これは会社にとっては財産です。後ほど貸借対照表を説明する際に改めて解説しますが、この財産を「売掛金」といいます。

　なお、日本の会計基準では、収益の認識に関して、商品等の販売又は役務の給付によって認識する実現主義ということが会計基準に記載されてはいたものの、包括的な収益認識に関する基準はありませんでした。

　そこで、IFRSとのコンバージェンスの一環で、原則として会計監査の対象となる上場企業等を中心に、2021年4月1日以降開始される事業年度から、新たに設定された「収益認識に関する会計基準」が適用されるようになりました。

　「収益認識に関する会計基準」では、次の5つのステップを踏んで収

益認識を行います。

Step 1：契約の識別
Step 2：履行義務の識別
Step 3：取引価格の算定
Step 4：履行義務への取引価格の配分
Step 5：履行義務の充足による収益認識

　上場企業等が収益認識に関する会計基準を適用する場合は、今までと比べて厳密に収益を認識するタイミングについて検討する必要があります。

◆ 直接関係ある売上原価と間接的に関係ある販管費

　売上総利益を算出するには、売上に直接見合った費用である売上原価を差し引くことになりますが、売上原価の算出の仕方を簡単な例で考えてみましょう。

　図表 2-7 を見てください。ここでは、単価 1,200 円の商品を期首に 10 個持っており、期中に単価 1,200 円の商品を 60 個仕入れたという前提で考えます。期末には倉庫に在庫が 20 個残っています。

　損益計算書では売上が 100,000 円計上されておりますが、1 つあたり 2,000 円で売却しているので、50 個販売していることになります。在庫倉庫のボックスを見ていただくと期首に 10 個あって、期中に仕入を 60 個して、期末に 20 個残っているということは、50 個払い出されたことになりますので、この払い出した数量と販売した数量が一致していることが確認できます。

　この 50 個分の費用が売上原価になるのですが、その数値の算出の仕方は、期首の在庫の金額 12,000 円と、期中に仕入れた 72,000 円の合計 84,000 円を、期首数量と仕入れた数量の合計の 70 個で割って 1 つあたりの単価 1,200 円を算出します。その上で、期末の数量 20 個に単価 1,200 円をかけ、期末の在庫金額 24,000 円を算出した上で、期首と仕入金額

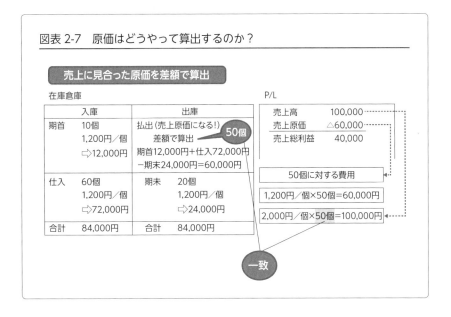

図表 2-7　原価はどうやって算出するのか？

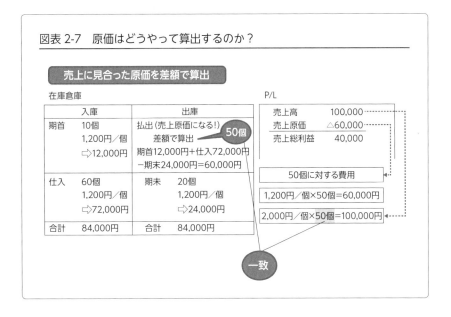

の合計 84,000 円から、期末在庫の 24,000 円を差し引いて払い出した金額、つまり売上原価相当額 60,000 円を算出します。

　実際のところ、商品の仕入単価はその都度変わるため、本来の算出は以下に記載のいくつかの方法から選択して計算をすることになるためもう少し複雑ですが、販売した数量に見合う数量に対応する費用が売上原価に計上されているということを理解してください。

　仕入れた棚卸資産の費用を売上原価に配分する方法としては、次のようなものがあります。

①**個別法**……棚卸資産を仕入れた時に、それぞれの取得原価を別個に把握して、個々の棚卸資産を払い出す都度、それぞれの取得原価で配分していく方法です。この場合、期末の棚卸資産の金額は、在庫として残っている個々の棚卸資産について実際の取得原価そのものになります。

②**先入先出法**……古く仕入れた棚卸資産から順次払い出しが行われたという想定で、払い出し単価を出す方法です。この場合、期末の棚卸資

産の金額は、期末近くに仕入れた際の単価を基準にした金額に近しくなります。

③**移動平均法**……棚卸資産を仕入れる都度、その時点の在庫分と取得分の取得原価を合算して平均単価を出し、払い出し単価を計算する方法です。期末の棚卸資産の金額は、1年間の仕入れの状況によりますが、年間を通じた平均単価を基準にした金額に近しくなります。

④**総平均法**……期首の棚卸資産の金額と期中に仕入れた棚卸資産の取得原価の合計額を期首と期中の合計数量で割って平均単価を出し、その金額を払い出し単価とする方法です。期末の棚卸資産の金額は、移動平均法と計算過程は異なりますが、年間を通じた平均単価を基準にした金額に近しくなります。

⑤**売価還元法**……棚卸資産の売価合計額に、原価率を乗じて期末棚卸資産の価額として、その期末の金額をもとに差額で払い出しの原価を算出する方法です。

　最後に「販売費及び一般管理費」（省略して「販管費（ハンカンヒ）」と呼ぶことが多いです。）ですが、ここには売上に直接関係する売上原価以外にかかった間接的な費用が計上されてきます。ただし、借金の金利といった財務関係の費用や、まれにしか発生しないような費用は営業外費用や特別損失に計上されます。

　販売費及び一般管理費に計上される内容は、広告費、人件費、家賃、減価償却費等、売上原価に計上されなかった多くの費用が含まれます。

　販売費は、広告宣伝費、人件費のうち販売員給料などのマーケティング費用を指します。

　一般管理費は、家賃、本社の人件費や減価償却費などが該当し、売上の増減に影響を受けない固定的なものが多いです。

　損益計算書の販売費及び一般管理費を読む際に留意すべきことは、どのような費用がどの程度の規模で発生しているのか、また、過去と比べて同じ内容の経費の増減割合などをチェックして、その会社の経費の使い方を読み取ることです。

費用の内容をよく見ていたら、コストダウンできそうな費用が浮かび上がってくるかもしれません。

> **✔ ここだけチェック**
> 収益認識の新たな基準が上場企業に適用される

 ## 総合力を表す経常利益

♦ サイドビジネスでの儲けは別表示

損益計算書では儲けを３つに区分するという説明をしましたが、このうち本業と副業の儲けは分けて管理します。副業とは会計の世界では、主に金融での取引をいいます。具体的には、余ったお金を運用する取引や、お金が足りないときに銀行からお金を借りて金利を払う取引があります。

家計のお金の動きで見た場合でも、余ったお金を株で運用して、配当をもらったり、株を売却してキャピタルゲインを得たり（もちろんキャピタルロスとして損が出ることもあります。）するケースやローリスク・ローリターンですが、預金に預け入れて利息を受け取るケースなどもあります。お金を借りるケースですと、住宅ローンやキャッシングでの借入で利息を支払うケースなどがありますね。

このような財務取引は、「営業外損益の部」に表示します。そして、収益があがる場合は「営業外収益」に、費用がかかる場合は「営業外費用」に計上されます。

以上のような財務取引以外に、営業外損益の部に計上される項目があります。財務取引以外の儲けの中でも本業に該当しない取引です。

例えば、スポーツジムを運営している会社が余ったお金でビルを購入して、そのビルを貸してテナントから不動産収入をもらうことを考えてみてください。会社がもらう不動産賃貸の収入が本業であれば売上高に

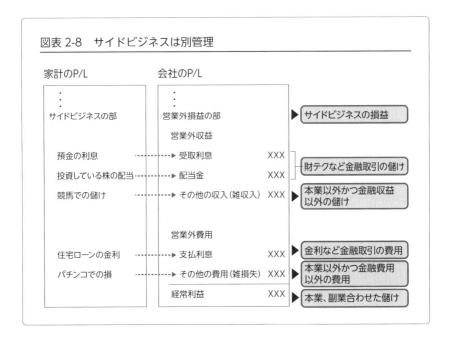

図表 2-8　サイドビジネスは別管理

家計のP/L

⋮
サイドビジネスの部

預金の利息　⋯⋯⋯⋯▶
投資している株の配当⋯⋯⋯▶
競馬での儲け　⋯⋯⋯⋯▶

住宅ローンの金利　⋯⋯⋯⋯▶
パチンコでの損　⋯⋯⋯⋯▶

会社のP/L

⋮
営業外損益の部

営業外収益
受取利息　　　XXX
配当金　　　　XXX
その他の収入（雑収入）XXX

営業外費用
支払利息　　　XXX
その他の費用（雑損失）XXX
経常利益　　　XXX

▶ サイドビジネスの損益

財テクなど金融取引の儲け

▶ 本業以外かつ金融収益
以外の儲け

▶ 金利など金融取引の費用
▶ 本業以外かつ金融費用
以外の費用
▶ 本業、副業合わせた儲け

計上することになります。ただし、スポーツジムを運営している会社にとって不動産からの収入がメインビジネスの収入でない場合は、その分の収入はサイドビジネス分として営業外損益の部に計上します。

この場合は収入なので、「雑収入」あるいは「その他の収入」といった名称の勘定科目で営業外収益に計上します。反対に費用の場合は、「雑損失」、「その他の費用」といった勘定科目を使います。

このように、財務取引を含めた副業での取引は、営業損益の部とは区分して表示することで、決算書を読む場合に儲けの源泉がどこにあるかを見誤らないようになっているのです。

つまり、儲かっている要因が本業なのか副業なのかがわかるような構造になっています。本業での儲けがなくなってきている会社であれば、将来への不安を感じてしまいますね。逆に、副業での一時的な損が多く出ていても本業の調子が絶好調で、副業の損を埋めるだけの力強さがあれば将来は明るいかもしれません。

営業外損益には、財務取引が計上される

5 税引き後の利益が最終利益

♦ 規則的・反復的でない損益は特別扱い

　先ほどまでの解説では、本業は「営業損益の部」に計上して、副業（主として財務取引）は「営業外損益の部」に計上することを確認しました。ここでは、営業損益にも営業外損益にも属さない、「特別損益の部」に計上されるものについて解説します。「特別損益の部」に計上される取引は、「金額的にびっくりするくらい大きい取引」や「めったに発生しない取引」で、いわば特別な取引です。

　また身近な例で考えてみましょう。例えば、祖父母から結婚の際にマンションの購入資金を贈与してもらったり、自宅を売って儲け（損する場合も当然あります）が出たりする取引などは、人生そうそう出てくる取引ではないですよね。ですから感覚的には、特別な取引として、人生の損得勘定でも、ルーティーンで毎月もらう給料といった儲けと別勘定で考えているのではないでしょうか。

　会社の儲けの計算でも、同じように普通の取引とは別に管理するのです。そのために「特別損益の部」という領域をつくって、1年間の儲けの源泉が、本業なのか、副業なのか、それともたまたまの特別な事情によるものなのかについて、決算書を読む人がわかるようにしているのです。

　特別損益の項目に表示されるのは、通常の企業活動の中では発生しないような取引によって発生した損益となり、規則的・反復的に発生するものは該当しません。

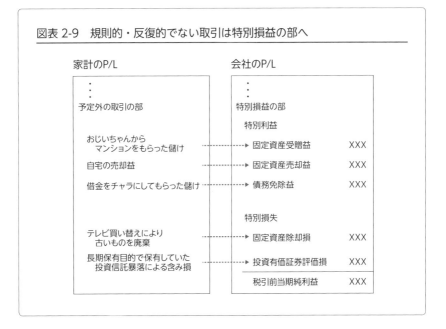

図表 2-9　規則的・反復的でない取引は特別損益の部へ

家計のP/L

```
           :
           :
予定外の取引の部

おじいちゃんから
　マンションをもらった儲け ⋯⋯⋯⋯

自宅の売却益 ⋯⋯⋯⋯⋯⋯⋯⋯

借金をチャラにしてもらった儲け ⋯⋯



テレビ買い替えにより
　古いものを廃棄 ⋯⋯⋯⋯⋯⋯

長期保有目的で保有していた
投資信託暴落による含み損 ⋯⋯
```

会社のP/L

```
           :
           :
特別損益の部

　特別利益

▶ 固定資産受贈益       ×××

▶ 固定資産売却益       ×××

▶ 債務免除益          ×××


　特別損失

▶ 固定資産除却損       ×××

▶ 投資有価証券評価損   ×××

税引前当期純利益      ×××
```

　具体的には次のようなものが該当することになります。

・リストラクチャリングに伴って発生した損失
・地震・火災・水害等に伴って発生した損失
・巨額の損害賠償費用
・補助金収入
・固定資産売却に伴う売却益や売却損

◆ 税金控除前と控除後で利益を区分する

　会社にお勤めの方なら認識があるでしょうが、給料をもらうときには、額面の給料の金額から税金や社会保険料が差し引かれます。これらを差し引いた残りが実際の手取りですね。税金を払った残りが実質的な稼ぎであるという感覚は、多くの方がお持ちでしょう。

　損益計算書では、特別利益と特別損失をプラス、マイナスしたのちに利益が算出されますが、その利益は税金を控除する前のものでした。名称も税引前当期純利益でしたよね。

　会社も税金の計算方法の違いはありますが、個人の方と同様に税金がかかってきます。かかった税金を差し引いた残りが本当の儲けであるという感覚は、家計と同様です。

　そこで、損益計算書では、3つの区分（営業損益、営業外損益、特別損益）の考慮後に算出された「税引前当期純利益」から、「法人税、住民税及び事業税」という項目に集計された税金を差し引いて、残りの利益を表示します。

　会社の儲けにかかってくる税金には法人税、住民税、事業税といった3つの税目があるため、少し名称が長いですが、「法人税、住民税及び事業税」という名称をつけています。

♦ 税効果会計の結果は、法人税等調整額に表示

　税金を引く前の利益から、税金を引いて最終の利益を計算するだけであればシンプルですが、家計の儲けを出す感覚にない会社特有の計算過程に、「税効果計算」というものがあります。損益計算書の「法人税、

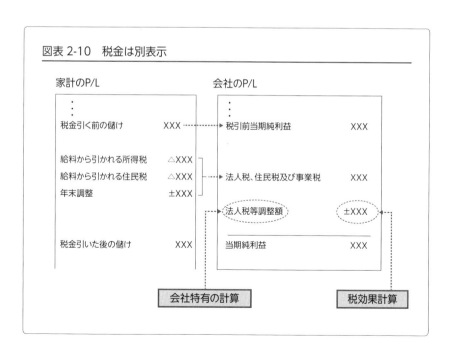

図表 2-10　税金は別表示

住民税及び事業税」の下に、「法人税等調整額」というものがありますが、これは利益に足すこともあれば引くこともあり、税金のように必ずしも差し引くものではありません。

　この聞き慣れない税効果計算ですが、何をしているのかというと、会計で計算する儲けと税金で計算するときに使う儲けの概念が似ているようで少し違うので、その違いを会計の儲けに合わせるように調整しているものです。「法人税、住民税及び事業税」で計上される金額というのは、実は税法という税金を計算する際に使う儲けの計算基準で算出されたものなのです（ちなみに税金は儲けに一定の税率を掛けて算出しますが、この儲けのことを「所得」といい、会計の利益のようなものに当たります。所得を計算するときは「益金」から「損金」というものを差し引いて算出しますが、益金が会計での収益、損金が会計での費用に近い概念です。税金計算上の所得に関しては、第9章 − 2の「申告調整とは」のパートで解説します。）。

　しかし、損益計算書で計算しようとしているのは、会計のルールに基づいて算出される儲けです。そこで、税法の基準から会計の基準にあわせるための基準のズレの調整計算として、税効果計算を行うのです。

　会計と税法で儲けの考え方が少し違うと言いましたが、例えば会計での利益を計算する上で今年の費用になるものが、税金計算をする際の儲けを算出する場合に、損益計算書に計上されている費用500のうち400は会計と同じように費用になりますが、残りの費用100は翌期でないと費用にならない（税務の用語では「損金にならない」といいます。）場合があります（図表2-11）。

　会計での儲けの計算と税金での儲けの計算とが異なった場合に、どのような影響が出るのかというと、「法人税、住民税及び事業税」は税金計算の儲けの算出ルールに従って1,000の収入から400の費用を差し引いた600に、税率30％を掛けて180と計上されます（損益計算書の費用500のうち100は、今期は税金計算上の費用とならないので400となります。ただし、翌期には100は税金計上も費用として扱われます。）。この180というのは会計の基準ではなくて、税法の基準で算出されたも

図表 2-11　税効果会計を適用した損益計算書

のです。

　これを会計での基準に基づいた利益計算をするために、翌期税金計算で費用として扱ってもらえる 100 についても、今期費用として税金を計

算したらどうなるかという調整をはかります。

　翌期に 100 を費用として扱った場合に、税率 30％を考慮すると 30 だけ税金を減らす効果があるので、損益計算書では今期中にその税金を減らす分を「法人税等調整額」の欄に計上します。税金が減るために利益を増やす方に寄与しますので、この場合は「法人税等調整額」は利益としてプラスに計上します。

　この 30 は、翌期以降の損益計算書に計上されるべき税金を先払いしたものと考えるので、会社として前払いした資産として会社の財産や債務を表示する貸借対照表では、「繰延税金資産」という資産の科目に計上されます。逆に税金を翌期以降支払うことになるという場合は、債務を負っているということで貸借対照表「繰延税金負債」という負債の方に計上されます。

　このように、税法で計算した税金を会計の利益に合わせる作業を、税効果計算を通じて行っており、この結果、決算書の読者は将来の税金の影響も加味された利益を、損益計算書の当期純利益から読み取ることができるのです。

✔ ここだけチェック

税効果会計が適用されると「法人税等調整額」という科目が表示される

第 3 章

財務会計の貸借対照表

▶ 貸借対照表は、財務3表のひとつで、会社の財政状態を表しますが、貸借対照表を理解するには、「資産＝負債＋純資産」の公式が便利です。

▶ 貸借対照表は、決算日の瞬間の会社の財産や債務を映し出したもので、その時点の会社の健康状態を知ることができる便利な資料です。

▶ 資産や負債にどのようなものが、いくらで計上されるのかを知っていれば、貸借対照表を読み取ることが簡単になっていくでしょう。

① 貸借対照表とは

♦ 貸借対照表は財産と債務のリスト

　損益計算書の次は、貸借対照表について見ていきましょう。

　決算書の中でも貸借対照表は、過去からの歴史と現在を知ることができる書類です。そう聞くと重みのある書類に捉えられ、解読するのは難しいと思われるかもしれませんが、実はそうでもないのです。貸借対照表に掲載されているのは、大分類で考えると「資産」、「負債」、「純資産」という3つのものだけで構成されていて、これらの意味を知っていれば、貸借対照表を見て歴史と現在を把握することができるのです。

　まず、「資産」や「負債」の意味を考えるにあたっては、日常生活に置き換えてみると簡単です。

　ご自宅の財産・債務の中身を書き上げることできますか？なかなか正確に把握している方は少ないかもしれませんが、まずは家の財産に何があるか考えてみましょう。お財布の中や貯金箱の中に現金がありますよね。それから銀行にお金を預けていれば、預金もありますね。他の高額な財産としては、車や家財道具なんかもあるかもしれません。最近では値段もかなり安くなりましたが、パソコンも財産のひとつですね。そして、人生の買い物の中でも、群を抜いて高い買い物であるマイホームをお持ちの方もいるかもしれません。これらの財産をリストの左側に書いてみましょう。図表3-1の設例では、合計で3,560万円の財産があることになりました。

　次に債務の方を考えましょう。金額はそれほど大きくないかもしれませんが、カードを使って買い物したものの、まだ税金から引き落とされていないため支払っていない分があるかもしれません。それと、ローンでマイホームを買った方であれば、家を買う際に銀行から借りた住宅ローンがありますね。中には、兄弟からお金を借りている方もいるかもしれません。債務の方はリストの右側に書いてください。設例では、債

図表 3-1　家庭の財産価値を考えてみよう！

家計の財産・債務

財産			債務		
内容		財産額	内容		財産額
現金		50万円	カード払い未済分		10万円
預金		350万円	マイホームローン		2,500万円
車		120万円	兄からの借金		100万円
家具		30万円			
パソコン		10万円			
マイホーム		3,000万円			
合計		3,560万円	合計		2,610万円

財産 － 債務 ＝ 3,560万円－2,610万円＝950万円

務の合計は 2,610 万円となっていました。

　リストの左側には財産の内容と金額が、右側には債務の内容と金額が記載してあります。財産と債務の差額は 950 万円ですね。財産の方が債務よりも大きいので、家計は破綻していないことがわかります。

◆ 資産＝負債＋純資産がB/Sの公式

　直感的に理解しやすくするため、ご自宅の財産と債務のリスト作りで考えましたが、貸借対照表というのは、会社の財産と債務をリスト化したものです。財産や債務の状況を表すので、貸借対照表は財政状態を示すと会計的にはいえます。

　貸借対照表のサンプルを見ていただくと、左に資産というタイトルがあります。会社の財産を考える際は、会計のルールで名称が「資産」となっています。その資産というタイトルの下には、財産の内容と金額が列挙されています。現金、預金はご自宅にもありましたね。有形固定資産という名称は会計用語として出てくるものですが、日常生活で使って

いる車やパソコンなどはそれらの名前で表示されています。

　右側の債務の方は、「負債」という名称が使われていますが、中身は借入金などの会社が抱えている債務が含まれています。

　たとえ個人であっても、財産や債務というのは、過去から貯めてきたり、借りてきたりした結果ですよね。そして、それらを見ればその個人や家庭に余裕があるのか、火の車なのかという財政状態がわかりますよね。

　ですから、貸借対照表を見るときは、よそのお宅の財産・借金の状況を見るのと同じような気持ちで、会社の過去から蓄積された結果としての財政状態を見ていただければいいのです。

図表 3-2　貸借対照表のサンプル

貸借対照表の要旨
（平成30年10月31日現在）

（単位：億円）

資産の部		負債及び純資産の部	
流動資産	1,224	流動負債	1,252
現金・預金	4	固定負債	98
売掛金	360	株主資本	407
棚卸資産	110	資本金	100
短期貸付金	641	資本剰余金	22
未収入金	3	資本準備金	22
その他	100	利益剰余金	285
固定資産	535	利益準備金	2
有形固定資産	284	その他利益剰余金	282
無形固定資産	24		
投資その他の資産	225		
資産合計	**1,759**	**負債・純資産合計**	**1,759**

日本ヒューレット・パッカード株式会社の決算公告より

　図表3-2には、実際に決算公告されている貸借対照表のサンプルを掲載しています。

　決算公告で掲載される貸借対照表はシンプルな様式になっていますが、家計の貸借対照表と同様に左側に資産が記載されて、右側には負債と純資産が掲載されているのがわかりますね。資産や負債・純資産の内

図表 3-3　貸借対照表の公式

資産 ＝ 負債 ＋ 純資産

過去からの蓄積された財産・債務のバランスを理解するツール

容については、次のパート以降で解説します。

　ここで、貸借対照表を見やすくする公式に登場してもらいます。財務3表を理解するためには3つの公式が出て来ますが、その2番目です。

貸借対照表の公式　「資産＝負債＋純資産」

　資産と負債は、現時点で会社にある財産や債務です、と言いました。それに、この公式を当てはめて純資産を考えます。

　公式を少し変形すると、次のようになります。

「資産－負債＝純資産」

　純資産とは、簡単にいうと、資産から負債を差し引いた残りです。言ってみれば、過去から蓄積された資産と負債のバランスで、どれくらい余裕があるかということを示してくれるものです。

✔ ここだけチェック

会社の財産と債務が記録されているのが貸借対照表

② 貸借対照表の構造

♦ 損益計算書の儲けと貸借対照表の純資産のつながり

　第2章で、財務3表のひとつである損益計算書について解説しましたが、損益計算書と貸借対照表の関係について説明します。具体的には、損益計算書と貸借対照表とは純資産を通じて、つながっているという話をします。

　この話は会計を理解する上で重要な事項です。ただ、理論的にわかっていただくというよりも、感覚で理解していただこうと思います。会計を体系立てて理解をし、仕訳を一つ一つ積み上げて決算書を作る場合には、感覚だけの理解は望ましくないかもしれませんが、会計を仕訳抜きに理解するためにも感覚の理解で十分です。

　そこで、まず考えていただきたいのは、「会社は誰のものか」ということです。社長のもの、従業員のもの、顧客のもの、株主のものなど、経営を考える上ではさまざまな考え方があります。

　ただ、ここでは誰がお金を出したのかという観点だけに絞って考えいただくと、会社は株主のものということになります。会社を作るには、株主が資本金という元手を会社に差し出します。そのお金をうまく使って会社は儲けを出す努力をします。その結果、儲かれば会社に利益が残りますが、この利益は元手を出した株主のものなのです。

　もちろん、がんばった社長や従業員は給料をもらいます。すると、儲けは給料を支払った残りであり、それが会社を作るお金を出した株主に帰属するのです。

　株主総会シーズンになると、株主が会社に対して、残った儲けをもっと株主に配当をするように要求しているようなニュースが流れることがありますが、そのような主張を当然のようにできるのは、残った儲けが株主のものだからです。

　会社の儲けは、財務3表のうちの損益計算書で計算されますが、改め

図表 3-4　貸借対照表の構造

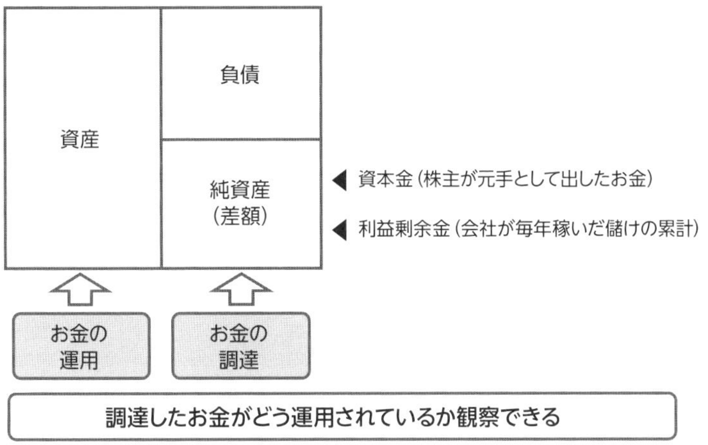

| 資産 | 負債 |
| | 純資産（差額） |

◀ 資本金（株主が元手として出したお金）

◀ 利益剰余金（会社が毎年稼いだ儲けの累計）

お金の運用　　お金の調達

調達したお金がどう運用されているか観察できる

て貸借対照表の構造を見てみましょう（図表 3-4）。

　左側に資産が、右側に負債と純資産がありますね。この純資産の中身ですが、始めに株主が、元手として出してくれた「資本金」と会社が稼いだ儲けである「利益剰余金」という項目で構成されているのです。

　利益剰余金は毎年毎年、会社が計上した儲けである利益の蓄積です。

　会社は株主のもので、儲けは株主のものという話をしましたが、その儲けの蓄積は、純資産に累積して貯まってきているのです。

　損益計算書で算出された儲けである利益が、貸借対照表の純資産に毎年累積されていくという意味で、損益計算書と貸借対照表がつながっています。

◆ 貸借対照表からパッと見で読み取れること

　損益計算書とのつながりがわかったところで、貸借対照表の構造を見て、何が読み取れるか考えてみましょう。もう一度構造を見ていただくと、左に資産があり、右に負債と純資産があります。

　まず、規模という観点でみると、資産が大きければ、それだけ多くの

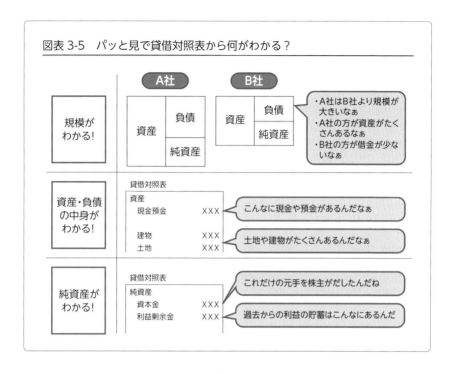

図表 3-5　パッと見で貸借対照表から何がわかる？

A社　B社

規模がわかる！

資産　負債　純資産　資産　負債　純資産

・A社はB社より規模が大きいなぁ
・A社の方が資産がたくさんあるなぁ
・B社の方が借金が少ないなぁ

資産・負債の中身がわかる！

貸借対照表
資産
　現金預金　　　×××
　建物　　　　　×××
　土地　　　　　×××

こんなに現金や預金があるんだなぁ

土地や建物がたくさんあるんだなぁ

純資産がわかる！

貸借対照表
純資産
　資本金　　　　×××
　利益剰余金　　×××

これだけの元手を株主がだしたんだね

過去からの利益の貯蓄はこんなにあるんだ

財産があるのだなということがわかります。そして、その財産の中身が何で構成されているのかは、資産に計上されている内容を見ていただければ良いのです。同じ資産でも、すぐにお金に換えられそうなものがどれくらいあって、すぐにはお金に換えられないようなものがどれくらいあるかというのも、内容と金額を見ればわかります。負債も金額が大きい場合は、たくさん借金があって大変だなということがわかりますね。資産と負債の差額である純資産を見てみると、純資産の金額が大きい場合は、株主が元手として出した資本金が多額であることや、会社が過去から儲けた利益の蓄積が多大なものであるということが、純資産の内訳を見ればわかります。

　このように、貸借対照表をパッと見ただけでも、その会社の状況や歴史がわかるのです。

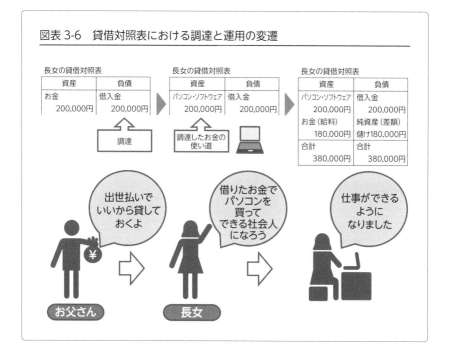

図表 3-6　貸借対照表における調達と運用の変遷

◆ 調達と運用という視点

　貸借対照表の右側と左側をお金の動きで考えた場合、右側がお金をどこから調達してきたのかを表し、左側がその調達したお金をどのように使ったのか、つまり運用されたのかを表しています。

　調達の方法として、大きくは資本金を会社に入れてもらって株主になってもらう方法と、お金を借りてくる方法の2つがあります。ここでは、お金を借りてくる方法での貸借対照表の動きを考えてみましょう。

　身近な例で考えてみます。ある家庭の娘さんが就職して働く際に、親御さんから支援をいただいたケースを考えてみましょう。親御さんが将来稼げるようになるためにということで、パソコンとソフトウェアを購入するお金として20万円を貸してくれたとします。この場合の娘さんの個人の貸借対照表を想定してみましょう（図表3-6）。

　まず、右側に調達してきたお金は将来返す必要があるので、負債に該

当し、ここでは借入金として計上されます。同時に、お金を貸してくれているので財産として現金が資産に計上されます。

そのお金をパソコンとソフトウェアの購入にあてるのですから、貸借対照表の資産の内訳が、現金からパソコンとソフトウェアに変わります。

結果として、借入金として調達したお金がパソコンとソフトウェアという資産として使われたことが読み取れます。将来、給料を稼いで親御さんに借入金を返済すれば、支援した親御さんもうれしい限りでしょう。

♦ 貸借対照表の8変化

図表3-6では、負債や純資産で調達したお金が資産として運用されていくことを学びました。右側の負債・純資産である借入金が、左側の資産であるパソコンとソフトウェアに使われたことを貸借対照表で表現されていました。

ここでは、資産、負債のそれぞれが増減したときの変化を見ていきましょう。特に注目していただきたいのは、それぞれの変化の結果、純資産がどのように変化するかということです。

会社は株主のものであり、純資産は株主のものだということは解説しましたが、株主にとっては純資産が増えたらうれしいことであり、反対に減ったら悲しいことですから、株主の視点で考えていただくと、より理解しやすいです。

図表3-7は、資産、負債の増減パターンを分析したものですが、増減のパターンは8種類あります。ここでは、**"貸借対照表の8変化"** と名付けましょう。

資産、負債、純資産の変化を考える場合は、貸借対照表の公式「資産＝負債＋純資産」をイメージしながら考えてください。公式を使って純資産が増減するパターンを見てみましょう。

まず、純資産が増える場合を考えますが、パターンは2つあります。右辺の純資産が増えた分、左辺の資産が増えるか、右辺の負債が減るパターンです。

パターン①儲け（利益）が増えて資産が増える……売上をあげてお客さ

図表 3-7　貸借対照表8変化

貸借対照表の公式

$$資産 ＝ 負債 ＋ 純資産$$

純資産の変動	資産または負債	公式の動き	
増加	資産 ⬆	資産 ⬆ ＝負債 ＋純資産 ⬆	①
	負債 ⬇	資産＝負債 ⬇ ＋純資産 ⬆	②
減少	資産 ⬇	資産 ⬇ ＝負債 ＋純資産 ⬇	③
	負債 ⬆	資産＝負債 ⬆ ＋純資産 ⬇	④
変化なし	資産 ⬆ ⬇	資産 ⬆ ⬇ ＝負債＋純資産	⑤
	資産 ⬆ 負債 ⬆	資産 ⬆ ＝負債 ⬆ ＋純資産	⑥
	資産 ⬇ 負債 ⬇	資産 ⬇ ＝負債 ⬇ ＋純資産	⑦
	負債 ⬆ ⬇	資産＝負債 ⬆ ⬇ ＋純資産	⑧

んからお金をもらった場合などです。この場合、儲けが増えています
ので、純資産は増加します。

パターン②負債が減って、儲けが増える場合……借りていた借金を棒引
き（借金を免除してもらうこと）してもらった場合などです。この場
合、儲けが増えるので純資産は増えます。

　次は、純資産が減る場合ですが、この場合も2パターンあります。

パターン③儲けが減って資産が減る場合……現金を使って経費が出る
ケース等です。この場合、儲けが減るので純資産は減少します。減価
償却資産を減価償却することで、費用の計上によって儲けが減ると同
時に、減価償却資産が減少する場合もこのケースに該当します。

パターン④儲けが減って、負債が増える場合……「ツケ（後払いの約
束）」で飲みに行って経費を使った場合などは、経費の分だけ儲けが
減って、ツケで行った分の借金が増えますが、そのようなケースが該
当します。この場合、儲けが減ったので純資産は減少します。

　最後に、純資産は変動しないけれど、資産と負債が変動するパターン

で、これは4つあります。

パターン⑤資産の内訳の中の資産が減って、別の資産が増える場合……
現金でパソコンを買った場合のように、資産の中で変化する場合で
す。この場合は、純資産は変化しません。

パターン⑥負債が増えて資産が増える……借入をしてお金が増えるよう
な場合です。この場合も、純資産は変化しません。

パターン⑦負債が減って資産が減る場合……借入金を預金を支払って返
済した場合などはこのパターンです。この場合、純資産は変化しませ
ん。

パターン⑧負債の内訳の中である負債が減って、別の負債が増える場合
……借りていたお金を返すために、別の人から借りたときのように負
債の中で変化する場合です。この場合、純資産は変化しません。

　以上8つもあるので、混乱したかもしれませんが、ここも感覚で理解
してしまいましょう。株主が喜ぶ純資産が増えるケースは、財産である
資産が増える場合か、借金である負債が減る場合ですし、逆に株主が悲
しむ純資産が減るケースは、財産である資産が目減りする場合か、借金
である負債が増える場合ですよね。これは、私たちが通常思う実感に近
いのではないでしょうか。

　純資産が増減しないケースは、財産が増えた分だけ借金が増えた場合
や逆に財産も借金も減った場合、あるいは財産が他の財産に変わったり、
借金が他の借金に変わったりする場合です。

　会計を考える時には、貸借対照表の公式「資産＝負債＋純資産」を頭
に思い浮かべて8つの変化のパターンをイメージしていただくと、より
理解が深まります。

✔ ここだけチェック

資産、負債の増減と純資産の変動を理解する

③ 流動・固定区分

◆ 正常営業循環基準でまずは区分する

　貸借対照表は、会社が持っている財産や債務の状況、さらには差額としての純資産の状況が一目でわかる表です。財産や債務の内容や金額がわかるので、会社が持っている財産やその金額、会社が抱えている借金やその規模といったことを知ることができます。ただ、それらの財産や債務を一定のルールで表示した方が、決算書を見る側としては見やすいので、会計ではそのルールを決めています。

　そのために、資産を「流動資産」と「固定資産」に、負債を「流動負債」と「固定負債」に区分しますが、区分するために2つの判断基準を入れています。

　具体的には、「正常営業循環基準」と「ワン・イヤー・ルール」のふたつです。

　正常営業循環基準というのは、通常の営業サイクルである商品の仕入から売上に至るプロセスで発生する資産や負債を、資産なら流動資産へ、負債なら流動負債に計上するという基準です。

　後ほど説明しますが、正常営業循環基準で考えると、ものを販売した時に発生する債権である売掛金や、販売するものを製造する過程で発生する在庫は流動資産に、仕入れた際に発生する債務である買掛金は流動負債に区分されます。

◆ ワン・イヤー・ルールの合わせ技

　正常営業循環基準での判断の他に、もうひとつの判断基準もあります。

　どのようなルールがあるかといいますと、簡単に言うと換金しやすい順に上から表示するという考え方です。

　ここでも家計の財産・債務を例に考えてみましょう。財産リストを作るとして財産については換金性が高いものを上に、換金性の低いものを

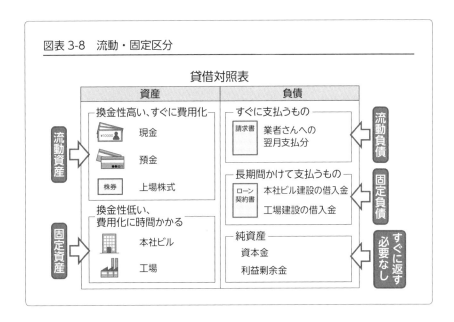

図表 3-8　流動・固定区分

貸借対照表

| 資産 | 負債 |

流動資産
換金性高い、すぐに費用化
- 現金 ¥10000
- 預金 ●●銀行
- 上場株式 株券

固定資産
換金性低い、費用化に時間かかる
- 本社ビル
- 工場

流動負債
すぐに支払うもの
- 業者さんへの翌月支払分 請求書

固定負債
長期間かけて支払うもの
- 本社ビル建設の借入金 ローン契約書
- 工場建設の借入金

すぐに返す必要なし
純資産
- 資本金
- 利益剰余金

下に記載するようにしたとします。換金性とは、現金にすぐに換えられるかどうかということです。

　預金は引き出せばすぐに現金に換えられますし、上場している会社の株式も短期間で売却して現金化できますよね。それに対して、マイホームや賃貸用のアパートなどは、換金することは可能ですが、一定の手続きも必要で、すぐには換金できません。

　換金性の高い順から並べると預金→上場株式→マイホーム・賃貸用アパートの順になりますね。

　すぐに現金化できる資産や費用になる資産を「流動資産」、現金化や費用化されるのに時間がかかる資産を「固定資産」といっています。

　どちらが優れいているというわけではありませんが、貸借対照表では流動資産、固定資産の順に表示します。さらに流動資産、固定資産それぞれの中でも、換金性が高いものを上から表示するようにしています。

　つまり、貸借対照表の資産の部は、上から換金性の高い順番に表示されるようなっているのです。

　次に債務の方を見ていきましょう。こちらは、すぐに返済しなければ

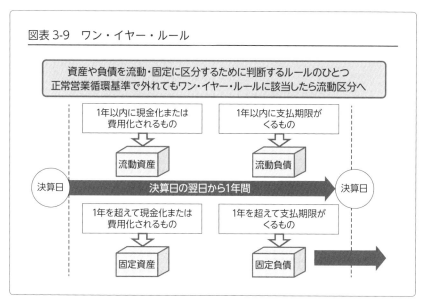

図表3-9　ワン・イヤー・ルール

資産や負債を流動・固定に区分するために判断するルールのひとつ
正常営業循環基準で外れてもワン・イヤー・ルールに該当したら流動区分へ

1年以内に現金化または費用化されるもの	1年以内に支払期限がくるもの
流動資産	流動負債

決算日　　決算日の翌日から1年間　　決算日

1年を超えて現金化または費用化されるもの	1年を超えて支払期限がくるもの
固定資産	固定負債

ならないかという観点からみて、支払時期が早い順に上から表示します。

　カード払いした洋服代金は、1カ月程度で支払わなければならないので上の方に、住宅ローンのように長年にわたって支払うものは下の方に表示します。負債の方は、支払時期が早い債務を「流動負債」といい、遅い債務を「固定負債」といいます。

　上記のような判断で資産や負債について流動と固定に区分する際の基準を、「ワン・イヤー・ルール」あるいは「1年基準」といいます。

　ワン・イヤー・ルールを適用すると、資産であれば1年以内に現金化、費用化されるものを流動資産とし、現金化や費用化されるのに1年を超えるものを固定資産とします。

　負債の場合は、1年以内に支払期限がくるものが流動負債となり、支払期限が来るのが1年を超えるものが固定負債となります。

　正常営業循環基準とワン・イヤー・ルールのふたつの基準がありますが、どちらかの基準で判断して通常の営業サイクルや1年以内の資産・負債に該当した場合は、流動資産か流動負債に区分されることなります。

先ほどは家庭の財産・債務の貸借対照表で見ましたが、図表3-8のように会社の貸借対照表で見ても同様に流動・固定の配列で並んでいるのです。

なお、純資産については、株主から入れてもらった資本金と会社の儲けの蓄積であることは説明しましたが、どちらもすぐに返す必要のないものですので、返済義務がある負債の下に配置しています。

> ✔ ここだけチェック
>
> まずは正常営業循環基準、次にワン・イヤー・ルールで判断

4 換金性の高い資産

♦ B/Sは決算日をカメラで捉えた姿

これから、貸借対照表の具体的な中身について見ていきますが、まずイメージしておいていただきたいのは、貸借対照表はカメラで捉えた写真のようなものだということです。

損益計算書では一定の期間（一般的には1年決算であれば1年）での儲けの実績が表示されますが、貸借対照表はその区切った1年の最後の日付（決算日や期末日といいます。）の資産・負債の状況を表した成績表です。つまり、貸借対照表は、決算日の瞬間における資産や負債の内容、金額を写した写真なのです。ですから、貸借対照表を読むという目的で考えれば、決算日に貸借対照表にはどんな資産や負債が計上されることになっていて、それらがいくらで計上されているのかということを理解すればよいのです。

それでは、貸借対照表の左側の資産の項目から見ていきましょう。

♦ 同じ売上でもお勘定のもらい方で資産名は異なる

外食産業の会社を例に考えてみましょう。飲食店のレジでは、お食事

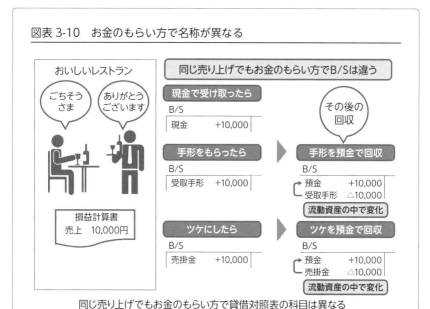

図表 3-10　お金のもらい方で名称が異なる

おいしいレストラン

ごちそう
さま

ありがとう
ございます

損益計算書
売上　10,000円

同じ売り上げでもお金のもらい方でB/Sは違う

現金で受け取ったら

B/S

| 現金 | +10,000 |

手形をもらったら

B/S

| 受取手形 | +10,000 |

ツケにしたら

B/S

| 売掛金 | +10,000 |

その後の回収

手形を預金で回収

B/S

| 預金 | +10,000 |
| 受取手形 | △10,000 |

流動資産の中で変化

ツケを預金で回収

B/S

| 預金 | +10,000 |
| 売掛金 | △10,000 |

流動資産の中で変化

同じ売り上げでもお金のもらい方で貸借対照表の科目は異なる
ただし、すべて流動資産で表示される。その後の回収は流動資産の中で入り繰り

が終わったお客さんからお勘定をいただきますが、お勘定のもらい方は
いくつかあります。現金でもらう以外に、電子マネーやクレジットカー
ドで決済する方法、ツケにして請求書をお客さんに送ってお金を振り込
んでもらう方法などがあります。お金のもらい方が、決算書ではどのよ
うな違いとなって表れてくるのでしょうか。

　飲食店で食事を提供したという事実は、お金のもらい方の違いにかか
わらず変わらない事実ですよね。食事というサービスを提供したことに
よって、飲食店としては売上という収益が認識されます。

　売上代金を現金でもらえば現金という資産が増えるので、貸借対照表
に現金が計上されます。電子マネー、クレジットカードやツケにした場
合は、まだお客さんからお金はもらっていませんが、お金をもらえる権
利、いわゆる債権をもっているので、そのことを決算書に表現します。

　売上に関する債権は、会計では「売掛金」という決算書での名称（会
計では、勘定科目といいます。）を使います。売掛金の他に、相手から

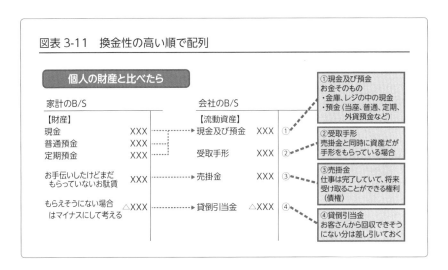

図表 3-11　換金性の高い順で配列

個人の財産と比べたら

家計のB/S　　　　　　　　　会社のB/S

【財産】　　　　　　　　　　【流動資産】
現金　　　　　XXX　┄┄┄▶現金及び預金　XXX　①
普通預金　　　XXX　┄┄┄
定期預金　　　XXX　　　　　受取手形　　　XXX　②

お手伝いしたけどまだ　　　　　　　　　　　　　　　　　③
もらっていないお駄賃　XXX　┄┄┄▶売掛金　　　XXX

もらえそうにない場合　　　　　　　　　　　　　　　　　④
はマイナスにして考える　△XXX　┄┄┄▶貸倒引当金　△XXX

①現金及び預金
お金そのもの
・金庫、レジの中の現金
・預金 (当座、普通、定期、
　外貨預金など)

②受取手形
売掛金と同時に資産だが
手形をもらっている場合

③売掛金
仕事は完了していて、将来
受け取ることができる権利
(債権)

④貸倒引当金
お客さんから回収できそう
にない分は差し引いておく

手形をもらうケースもありますが、この場合は、「受取手形」として記帳します。勘定科目が複数出てきましたが、共通して言えるのはどの場合でも資産が増えているということです。

　会計では、「売掛金」のことを専門的な言い回しでは、通常の取引に基づいて発生した営業上の「未収入金」といい、「受取手形」は、通常の取引に基づいて発生した「手形債権」となります。

　続いて、計上された売掛金や受取手形がその後どのように変化していくのかについて考えてみましょう。手形が無事に決済されて入金したり、請求した売掛金額をお客さんが振り込んだりしてくれれば、預金残高が増えます。預金が増えた分だけお金をもらえる権利は減りますので、受取手形や売掛金は減ります (図表 3-10)。

　貸借対照表の資産の変化を見てみると、資産の中で増減が生じているだけなので、資産の合計金額に変化はありません。

　図表 3-11 を見てください。個人の財産や債務の状況を表した貸借対照表と会社の貸借対照表とを見比べたものですが、まず注目していただきたいのは並び順です。現金及び預金という、いわゆる「現ナマ」が一番上にあります。これはもっとも換金性が高い (すでに換金されていますが……) からです。

その下に、売上に関する債権である受取手形や売掛金があります。受取手形は普段の生活ではお目にかかることはないでしょうが、売掛金に該当する取引は日常生活でもあります。

例えば、親のお手伝いをしたらお駄賃をもらえるなんてことが、子どもの頃にあった方もいるでしょうが、お手伝いは完了したけどまだもらえていないお駄賃は、売掛金に該当します。

売掛金の下に「貸倒引当金」という勘定科目があります。これについては第3章-11の「損失に備える引当金」のパートで説明しますが、簡単に言うと、もらえるつもりだった債権のうち、相手の支払能力が低いので、もらえそうにない分です。その分だけ資産から差し引いておくことで、本当に会社がもらえる金額だけが貸借対照表に計上されるようにしているのです。

> ✔ **ここだけチェック**
> 売上計上に伴って生じる売掛金は換金性が高いので流動資産

5 有価証券の4分類

♦ 運用方針で4区分

パソコンやスマートフォンで株式の売買注文ができる時代ですので、株式の運用は手軽にでき、実施している人もかなりいらっしゃいますね。投資の運用方針については各人各様でしょうが、それでも大きくふたつに分けると、短期運用で儲けをねらう投資と長期運用する予定の投資に区分されます。

例えばデイトレーダーと呼ばれる方々が運用しているものは、ほとんど短期運用の投資でしょうし、老後のために投資信託に投資している場合は長期運用だといえます。これ以外の投資パターンとして、親が会社を経営しているような方でしたら、親の会社の株を購入して、株を持ち

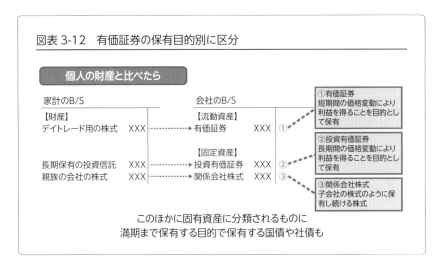

図表 3-12　有価証券の保有目的別に区分

個人の財産と比べたら

家計のB/S　　　　　　　　　　　会社のB/S

【財産】　　　　　　　　　　　　【流動資産】
デイトレード用の株式　×××　·········▶有価証券　　×××　①

　　　　　　　　　　　　　　　　【固定資産】
長期保有の投資信託　×××　·········▶投資有価証券　×××　②
親族の会社の株式　　×××　·········▶関係会社株式　×××　③

①有価証券
短期間の価格変動により利益を得ることを目的として保有

②投資有価証券
長期間の価格変動により利益を得ることを目的として保有

③関係会社株式
子会社の株式のように保有し続ける株式

このほかに固有資産に分類されるものに
満期まで保有する目的で保有する国債や社債も

続けているパターンもあるかもしれません。

　会社も株式や債券などに投資をすることがありますが、保有の目的によって貸借対照表に表示する名称や計上する金額の取扱いなどが異なってきます。

　会計のルールでは有価証券（株式や債券などをまとめてこう呼びます。）を保有目的ごとに4つに分類しています。

　具体的には次の4つに分かれます。

①**売買目的有価証券**……短期売買を目的とした有価証券（デイトレーダーが運用する株式のように、短期間で売買してキャピタルゲインを得ることを目的として保有しているもの）

②**満期保有目的の債券**……満期まで保有する目的の債券（満期まで保有する目的で購入する国債や社債など）

③**子会社株式及び関連会社株式**……子会社・関連会社の株式（連結決算の対象となる子会社への投資や、連結決算の対象とはなりませんが一定の割合以上を会社に投資して経営に影響を及ぼすような投資のことをいいます。家計のお金で考えると親族の会社へ株式投資をしているような場合です。）

④**その他有価証券**……①～③以外のその他有価証券（短期的には売却せ
ず保有する予定の株式などが該当します。個人の場合でいえば長期保
有目的の投資信託などが該当します。）

◆ 売買目的の場合は時価に置き換え

次に、それぞれの有価証券を、貸借対照表のどこにいくらで計上する
のかですが、①の短期売買を目的とした有価証券については、すぐに換
金することが前提のものなので、流動資産に時価で計上します。デイト
レーダーが、頭の中で毎日株の評価を時価に置き換えて含み損益（簿価
と時価の差額）を把握しているのと同じですね。

時価に置き換える場合に、含み益や含み損は損益計算書に損益として
計上することになります。

時価で計上するということは、購入したときの価格（会計では、取得
価額といいます。）と差額が発生し、この差額分だけ資産が増減しますが、
「資産＝負債＋純資産」の公式で考えると資産が増減した分だけ純資産
が増減します。

ですから、仮に時価が購入したときの価格を上回ればその分だけ純資
産が増加して株主が喜ぶのです。貸借対照表8変化のうち、資産が増加
して、負債が変わらず、純資産が増加するパターンですね。

④のその他有価証券については、上場会社の株式のように時価がある
ものについては、時価で計上します。ただ、時価に置き換える場合に①
の売買目的有価証券の場合は、損益計算書に損益として計上しますが、
④のその他有価証券については、損益計算書に損益を計上せずに、純資
産の部に直接差額を計上することになります。第3章－12の「差額概
念の純資産」のパートで触れますが、純資産の部の「評価・換算差額等」
に時価との差額が直接計上されることになります。

一方、上場していない株式のように時価がないものは取得価額のまま
としますが、あまりにも投資先の資産状態が悪くなった場合は、毀損し
た金額を切り下げて、貸借対照表の価額を時価に近い状態にします。こ
のように毀損している場合は、損益計算書で当期の損失として計上され

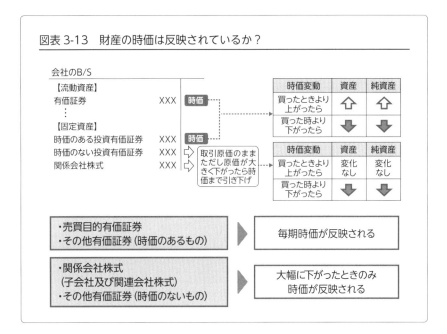

図表 3-13　財産の時価は反映されているか？

会社のB/S

【流動資産】
有価証券　　　　　　　　XXX　時価

時価変動	資産	純資産
買ったときより上がったら	⇧	⇧
買った時より下がったら	⇩	⇩

【固定資産】
時価のある投資有価証券　XXX　時価
時価のない投資有価証券　XXX
関係会社株式　　　　　　XXX

取引原価のままただし原価が大きく下がったら時価まで引き下げ

時価変動	資産	純資産
買ったときより上がったら	変化なし	変化なし
買った時より下がったら	⇩	⇩

・売買目的有価証券
・その他有価証券（時価のあるもの）
▶ 毎期時価が反映される

・関係会社株式
　（子会社及び関連会社株式）
・その他有価証券（時価のないもの）
▶ 大幅に下がったときのみ時価が反映される

ます。

　また、④の区分の有価証券はすぐに換金しないという観点から固定資産に計上され、勘定科目は「投資有価証券」という名称を使います。ただし、1年以内に満期到来する債券はワン・イヤー・ルールに基づいて流動資産に計上します。

　②の満期保有目的の債券の表示箇所もワン・イヤー・ルールに基づいて流動資産か固定資産に分類します。満期保有目的債券は、償却原価法という方法で評価をします。償却原価法というのは、対象となる金融資産を債券額と異なる金額で取得原価として計上した場合に、差額に相当する金額を償還期に至るまで毎期一定の方法で取得原価に加減する方法をいいます。

　③の子会社株式及び関連会社株式は長期に保有し続けることが前提なので、固定資産に計上しますが、勘定科目は「関係会社株式」です。いくらで計上するかについては、④の有価証券のうち時価のないものと同様に原則として取得価額のままとしますが、投資先の資産状態が悪く

なった場合に減額をします。

このように、時価のある有価証券は時価で貸借対照表に計上されますので、換金可能額に近い状態となっていて、含み損益は純資産に反映されています。ただし、時価のない投資有価証券や子会社の株式などは相当価値が下落するまでは取得価額で計上されたままなので、貸借対照表を見る際は注意が必要です。

> **✔ ここだけチェック**
>
> 売買目的有価証券は、決算のたびに時価に置き換えて貸借対照表に計上される

6 会社の在庫

♦ 在庫も時系列で変化する

ラーメン屋さんで売るラーメンの完成品は、どんぶりの中に麺、スープ、具材がのっている状態のことですよね。ラーメンがお店に出るまでの道のりを考えると、まず麺、具材、スープの材料を買ってきて、それを使ってスープを作ります。そして、できあがったスープと中に入れる具材を調理した状態でお客さんを待ちます。開店後に入店してくれたお客さんに、ゆでた麺をスープに入れて最後に具材を加えて晴れてラーメンを出す、といった感じですね。

会計の世界では、お客さんに提供するまで厨房に置いている材料などの在庫を、貸借対照表の資産として取り扱います。この時の資産は「棚卸資産」というカテゴリーに属します。なぜ、資産として扱うかというと、在庫はお客さんに販売することで、お金に換えることができる価値のあるものであると考えるからです。

ただ、材料の段階、作っている途中の段階、出来上がってお客さんに出すのを待っている段階とでは、同じ在庫でも状態が異なっていますから、勘定科目の名称を変えます。具体的には、材料の状態を「原材料」、

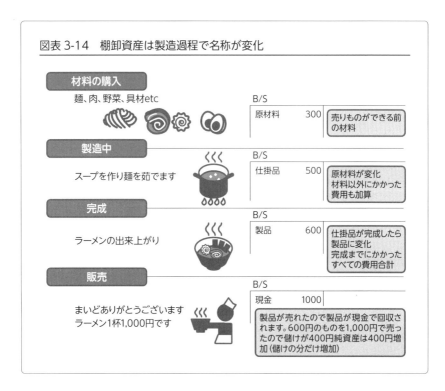

図表 3-14　棚卸資産は製造過程で名称が変化

材料の購入
麺、肉、野菜、具材etc

B/S
| 原材料 | 300 |

売りものができる前の材料

製造中
スープを作り麺を茹でます

B/S
| 仕掛品 | 500 |

原材料が変化
材料以外にかかった費用も加算

完成
ラーメンの出来上がり

B/S
| 製品 | 600 |

仕掛品が完成したら製品に変化
完成までにかかったすべての費用合計

販売
まいどありがとうございます
ラーメン1杯1,000円です

B/S
| 現金 | 1000 |

製品が売れたので製品が現金で回収されます。600円のものを1,000円で売ったので儲けが400円純資産は400円増加（儲けの分だけ増加）

作り途中の状態を「仕掛品」、完成した状態を「製品」と呼んでいます。

　貸借対照表というのは、期末時点の一瞬を写真に写したようなものであると説明しましたが、その瞬間での状態を、名称を区分することで決算書の読み手に理解しやすいようにしているのです。

　ものを作る会社の場合は、原材料、仕掛品、製品といった勘定科目を使いますが、自動車販売会社のように自動車を仕入れて販売するだけのように、製造工程が入らない会社の場合は、ものを仕入れた時点で在庫を認識することになります。その場合は在庫の名称を「商品」という勘定科目で表示します。

　ですから、決算書を見て「商品」勘定しかない会社は、メーカーのようにものを作っている会社でないことが想像できますし、「原材料」や「仕掛品」といった勘定科目を使っている会社の場合は、製造工程のある会社であることがわかります。

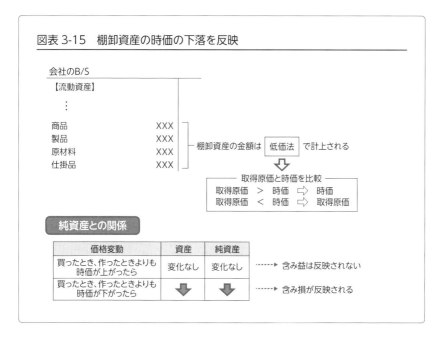

図表 3-15　棚卸資産の時価の下落を反映

会社のB/S

【流動資産】
　　⋮

商品	XXX	
製品	XXX	
原材料	XXX	
仕掛品	XXX	

棚卸資産の金額は　低価法　で計上される

取得原価と時価を比較
取得原価　＞　時価　⇨　時価
取得原価　＜　時価　⇨　取得原価

純資産との関係

価格変動	資産	純資産	
買ったとき、作ったときよりも時価が上がったら	変化なし	変化なし	‥‥‥▶ 含み益は反映されない
買ったとき、作ったときよりも時価が下がったら	⬇	⬇	‥‥‥▶ 含み損が反映される

◆ 含み損の反映で注意喚起

　棚卸資産は、売れればすぐにお金に換えることができるという意味で、換金性が高いので、流動資産に計上します。ただ、売掛金のように販売が完了して、後はお金を振り込んでもらうだけの資産と比べると、棚卸資産はこれから販売してお金に換えてもらうというプロセスが必要な資産なので、換金性がやや落ちます。そのため、表示する場所は売掛金よりも下になっています。

　次に、いくらで貸借対照表に計上されるのかというと、まず購入した段階では取得原価（買ってきた時の金額）で計上します。在庫の価値が下落しなければ取得原価のままにしておいても問題ありませんが、在庫の価値が落ちたにもかかわらず取得原価のまま据え置いていたら、時価の下落が反映されないことになります。

　例えば、アパレルの会社であれば1シーズン前の洋服などは価値が大幅に落ちてしまうので、取得原価のままでは実態を表さないです。その他、不動産会社で考えると、地価高騰時に購入した土地が、地価が下落

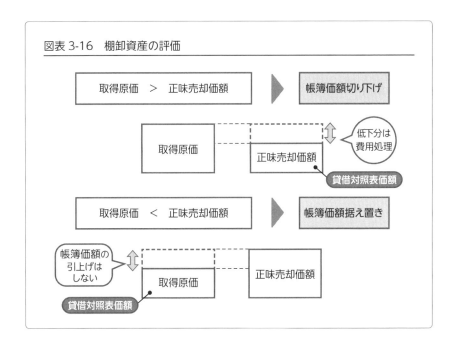

図表 3-16　棚卸資産の評価

取得原価　＞　正味売却価額　▶　帳簿価額切り下げ

取得原価

正味売却価額

低下分は
費用処理

貸借対照表価額

取得原価　＜　正味売却価額　▶　帳簿価額据え置き

帳簿価額の
引上げは
しない

取得原価

正味売却価額

貸借対照表価額

した後に在庫として残ってしまっている場合、下落した価値を反映させないと決算書を読む人に誤解を生じさせてしまいます。

　そこで、通常の販売目的で保有する棚卸資産は、取得原価をもって貸借対照表価額とし、期末における正味売却価額（時価と考えてください。）が取得原価よりも下落している場合には、原則として正味売却価額をもって貸借対照表価額とします。

　こうすることで、下落した分だけ、純資産の金額が下がるので、株主としては自分の持分が減っていることを把握できるのです。

　ここで、正味売却価額は以下のように算定します。

正味売却価額 ＝ 売価 －（見積追加製造原価＋見積販売直接経費）

　ただし、逆に棚卸資産の取得原価よりも時価である正味売却価額が上回った場合ですが、この場合は会社の資産の実態を表すには時価まで資産の金額を引き上げるという考え方もありますが、時価に置き換えるこ

とはせず、取得原価のままとして資産の金額を増加させません。

7 期間損益と経過勘定

◆ 決算期を挟んでお金とモノの動きが一致しない場合の調整弁

「経過勘定」という、耳慣れない会計独特の資産について見てみましょう。理解をしやすくするために、身の回りのことで考えてみます。

例えば、月刊の経済誌1年分の購読を申し込んで、お金を払った場合を考えてください。

今年の8月に、今年の8月分から来年の7月分までの1年分の購読料12,000円を支払ったとしましょう。1冊当たり1,000円の本ですから、普通に1冊の本を買っただけであれば資産になることはなく、1,000円は経費になるだけです。ただ、ここでは1年分を先払いしていることがミソです。

お金の動きと毎月の本の動きを見比べてみると、お金は8月にまとめて出ていっていますが、本は毎月送られてきますね。お金の動きと本の動きが同じであれば、払った都度の経費になるだけですが、先払いしてまだ送付されていない本代をどう考えるかです。

お金の支払いが先で、提供されるサービス（今回の場合は本が送られるというサービス）は後ということですから、先払いしたお金は「これからサービスを提供してもらえる権利」と考えます。目には見えませんが、これも財産なのです。財産ということは、会計で考えると貸借対照表に資産として計上することになります。

では、次にいくらで計上するのかを考えましょう。会社の決算期が3月末だったとして、3月末時点での金額を算定します。

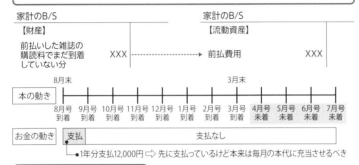

図表 3-17　前払費用を資産計上

個人の財産と比べたら

今年の8月号から来年の7月号まで1年分の雑誌の購読料を今年の8月に支払いました。
1冊分1,000円なので12,000円をまとめて支払いました。3月末時点では？

家計のB/S　　　　　　　　　　　　　　家計のB/S

【財産】　　　　　　　　　　　　　　　【流動資産】

前払いした雑誌の
購読料でまだ到着　　　XXX　------------▶　前払費用　　　　　XXX
していない分

本の動き

8月末　　　　　　　　　　　　　　　3月末

8月号　9月号　10月号　11月号　12月号　1月号　2月号　3月号　4月号　5月号　6月号　7月号
到着　到着　到着　到着　到着　到着　到着　到着　未着　未着　未着　未着

お金の動き　支払　　　　　　　　　　支払なし

1年分支払12,000円 ⇨ 先に支払っているけど本来は毎月の本代に充当させるべき

3月末時点で考えてみよう

・3月末でまだ到着していないのは？………………▶ 4月～7月号の4冊
・3月末で4冊もらえる権利がある………………▶ 4冊×1,000円＝4,000円
・3月決算の資産として前払費用4,000円が計上される、翌事業年度に費用化される
・支払った12,000円のうち4,000円は経費とせず、期間損益計算が正しくなる

　3月末までに送られてきた本は、8月号から3月号までの8冊分で、金額にすると8,000円相当です。

　まだ送られてきていない本は4月号から7月号までの4冊分です。この4冊分を買うためのお金は、1冊1,000円ですから4,000円必要です。3月末時点で考えると、すでにこの4,000円を支払い済みですので、4,000円分の本をもらえる権利が資産として計上されるのです。

　つまり貸借対照表に資産を4,000円計上します。

　貸借対照表に表示する名称は、後から発生することになる費用を前に支払っているので、「前払費用」とします。

　実際は、始めに支払ったときに1年分の12,000円を前払費用に計上して、その後1冊到着するごとに1,000円の本を受け取る権利が実現していくので、資産を減らしていきます。

　資産が減るときに合わせて減るのが純資産です。本代として経費が計

上されて利益が減るので、結果として純資産が減るのです。

　貸借対照表8変化のうち、資産が減って純資産が減るパターンです。

　3月末の段階では8冊届いているので、8冊分の8千円だけ経費が計上されて、純資産がその分減少している状態となっています。

　このように前払費用という貸借対照表の科目を介することで、8カ月分に相当する経費が計上され、結果として正しく費用の計上がされるようになります。

♦ 4種類の経過勘定

　このように、お金の動きとサービス提供の時期が異なる出来事を調整するための勘定科目を、「経過勘定」と呼んでいます。

　お金の受渡しか、サービスの提供のどちらかが途中「経過」なので、「経過勘定」と呼ぶと覚えてください。

　「前払費用」の他に、先にお金はもらったけれども、まだサービスの

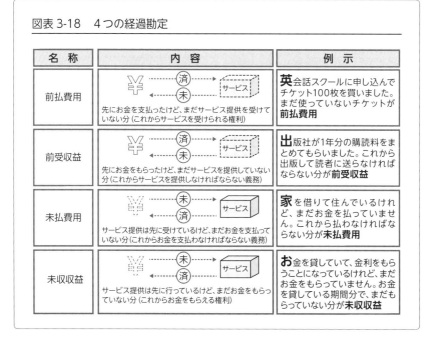

図表 3-18　4つの経過勘定

名　称	内　容	例　示
前払費用	¥ ⟶(済)⟶ サービス ⟵(未)⟵ 先にお金を支払ったけど、まだサービス提供を受けていない分（これからサービスを受けられる権利）	**英**会話スクールに申し込んでチケット100枚を買いました。まだ使っていないチケットが**前払費用**
前受収益	¥ ⟶(済)⟶ サービス ⟵(未)⟵ 先にお金をもらったけど、まだサービスを提供していない分（これからサービスを提供しなければならない義務）	**出**版社が1年分の購読料をまとめてもらいました。これから出版して読者に送らなければならない分が**前受収益**
未払費用	¥ ⟵(未)⟵ サービス ⟶(済)⟶ サービス提供は先に受けているけど、まだお金を支払っていない分（これからお金を支払わなければならない義務）	**家**を借りて住んでいるけれど、まだお金を払っていません。これから払わなければならない分が**未払費用**
未収収益	¥ ⟵(未)⟵ サービス ⟶(済)⟶ サービス提供は先に行っているけど、まだお金をもらっていない分（これからお金をもらえる権利）	**お**金を貸していて、金利をもらうことになっているけれど、まだお金をもらっていません。お金を貸している期間分で、まだもらっていない分が**未収収益**

提供をしていない義務を表す「前受収益」（義務なので負債に計上します。）、サービスの提供は受けているけど、お金をまだ払っていないので支払う義務を表す「未払費用」（これも義務なので負債に計上します。）、サービスの提供は既にしてあげているけど、まだお金をもらっていないので、これからもらえる権利を表す「未収収益」（権利なので資産に計上します。）があります。

これらの経過勘定を通じて、貸借対照表へ権利を資産に、義務を負債に計上するとともに、損益計算書で儲けの計算を正しく行っているのです。

✔ ここだけチェック

支払が先行して、サービス提供をまだ受けていないものは、前払費用として資産計上する

---

8 固定資産と減価償却

♦ 長く使う固定資産、モノが有る有形固定資産

家の身の回り品のひとつとして掃除機がありますが、安いものから高いものまでいろいろありますし、寿命も長いものから短いものまで様々です。家を見渡してみると、掃除機以外にもテレビや自動車など、家庭生活を営んでいくのに長期間にわたって使うものがありますね。

会社でも製造や販売などの活動をしていくにあたって、使用期間が長期に及ぶものがあります。会社の場合ですと、工場を持っていれば工場の土地や建物、工場の中で使っている機械、営業で使う自動車、本社の建物などがあります。

これらのものは、貸借対照表では資産として認識することになっています。ただし、長く使うものが全て資産となってしまうと、物持ちのよい会社ではモップだって何年も使うかもしれませんので、そう考えると

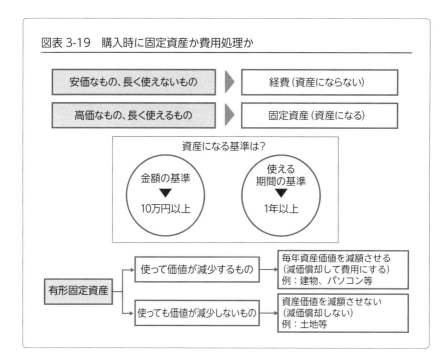

図表 3-19　購入時に固定資産か費用処理か

| 安価なもの、長く使えないもの | ▶ | 経費（資産にならない） |
| 高価なもの、長く使えるもの | ▶ | 固定資産（資産になる） |

資産になる基準は？

金額の基準　▼　10万円以上

使える期間の基準　▼　1年以上

有形固定資産
→ 使って価値が減少するもの → 毎年資産価値を減額させる（減価償却して費用にする）例：建物、パソコン等
→ 使っても価値が減少しないもの → 資産価値を減額させない（減価償却しない）例：土地等

　資産に計上する範囲が広範囲になりすぎてしまいますね。そこで、貸借対照表の資産に計上するものは一定の金額以上で、1年以上使うものを資産として計上するようにしています。

　金額の基準は会社によって多少の違いはありますが、通常は10万円以上のものを資産に計上しています。10万円という基準は、法人税法上固定資産として計上する際の基準値として設定されている金額です。

　また、このような資産は、棚卸資産と違って、売却することを前提としないで使っているため、すぐに換金することを前提としていない固定資産に分類されます。固定資産の中でも工場や車のように、モノ自体が目に見えるものは、「形が有る」ということから「有形固定資産」と呼びます。

　有形固定資産には、建物、建物付属設備、機械装置、車両、工具器具備品、土地といったものがあります。少し変わったところですと鉱山や山林、建設中の固定資産なども該当します。

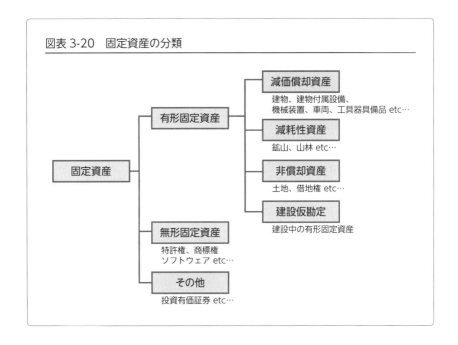

図表 3-20　固定資産の分類

```
                                              ┌─ 減価償却資産
                                              │  建物、建物付属設備、
                                              │  機械装置、車両、工具器具備品 etc…
                              ┌─ 有形固定資産 ─┤
                              │               ├─ 減耗性資産
                              │               │  鉱山、山林 etc…
                              │               │
              固定資産 ───────┤               ├─ 非償却資産
                              │               │  土地、借地権 etc…
                              │               │
                              │               └─ 建設仮勘定
                              │                  建設中の有形固定資産
                              │
                              ├─ 無形固定資産
                              │  特許権、商標権
                              │  ソフトウェア etc…
                              │
                              └─ その他
                                 投資有価証券 etc…
```

　固定資産の中には、有形固定資産の他に、「無形固定資産」や「投資その他の資産」といったものもあります。

　無形固定資産とは、建物などのように実体はないものの、長期にわたって利用可能な資産です。例えば、特許権や商標権のような法律上の権利や、ソフトウェアやのれんといった法律上の権利ではないものの、長期にわたって利用される経済価値のあるものなどです。

◆ 減価償却を通じて正しい価値を算出

　次に、有形固定資産の中には、時の経過によって価値が減少していくものと、価値が減少しないものがあります。

　価値が減少していくものを「減価償却資産」、価値が減少していかないものを「非償却資産」といいます。

　工場の建物や自動車、機械などは時間とともに古びて傷ついたり、摩耗したりしますので、消耗して価値が減少する減価償却資産といえます。それに対して土地などは、時間が経過しても古びたり摩耗したりしない

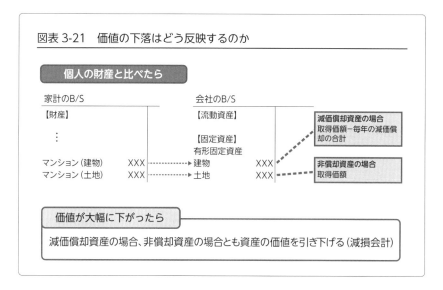

図表 3-21　価値の下落はどう反映するのか

個人の財産と比べたら

家計のB/S

【財産】
⋮

マンション（建物）　XXX ┄┄┄┄→ 建物　XXX
マンション（土地）　XXX ┄┄┄┄→ 土地　XXX

会社のB/S

【流動資産】

【固定資産】
有形固定資産

減価償却資産の場合
取得価額－毎年の減価償却の合計

非償却資産の場合
取得価額

価値が大幅に下がったら
減価償却資産の場合、非償却資産の場合とも資産の価値を引き下げる（減損会計）

ので、減価償却をしない非償却資産として扱います。

　価値が減少するものについては、使用する都度、資産としての価値が落ちていきますので、毎期その価値を一定のルールで落とします。この有形固定資産の使用した分の価値を落とす作業を、「減価償却」といいます。

　減価償却というのは、有形固定資産を長期間にわたって使用するので、長期間にわたって資産の購入代金を分割して費用として処理しているのです。

　有形固定資産のうち、減価償却をしない資産の場合、貸借対照表には購入したときの金額（取得価額）が計上されたままとなりますが、減価償却資産の場合は、取得価額から減価償却した金額を差し引いた残額が貸借対照表に計上されます。

　減価償却をすると資産が減りますが、貸借対照表の8変化のどのパターンに該当するかというと、資産が減って、純資産が減るパターンです。純資産が減るのは、その分費用が増えて利益が減るためです。

　有形固定資産に該当しない安価なもの（例えば、モップ）であれば、購入したときに即経費として処理しますが、有形固定資産の場合は、長

期間にわたって毎期経費を計上していくのです。

♦ 減価償却の定額法と定率法

減価償却の計算ルールの主なものとして定額法、定率法という2つの方法があります。

定額法とは大雑把に言うと、購入した資産の金額を使う期間（会計の世界では「耐用年数」といいます。）に分割し、毎年一定金額を減価償却する方法です。例えば、50万円の資産を購入してそれが5年使えるという場合は、1年あたり50万円÷5年の10万円ずつ減価償却していくのです。購入した1年後の貸借対照表を考えると10万円減価償却して資産を減額するので、有形固定資産は40万円になっています。また、10万円だけ費用が計上されるので、利益が10万円減って、その結果純資産が10万円減額します。

定額法による償却費の計算式は、次のように定められています。

定額法の償却費＝取得原価×定額法の償却率

耐用年数が5年の場合の定額法の償却率は、0.2となっているので取得原価が50万円の場合の定額法の償却費は次のように算出されます。

定額法の償却費＝ 500,000 円× 0.2 ＝ 100,000 円

次に定率法は、固定資産の耐用年数の期間中に、毎期期首の未償却の残高に一定率を乗じた減価償却費を計上する方法です。定額法が、毎期一定の減価償却費が計上されるのに対して、定率法では、未償却残高に対して一定率を掛けた金額が減価償却費に計上されるので、固定資産取得の初期ほど多く減価償却費が計上されて、減価償却費が年々減少していきます。

なお、法人税法では、資産の種類ごとに減価償却の方法を選択できるように規定がされていますが、建物・建物付属設備・構築物について、

以前は定率法を選択できましたが、現在では定額法しか選択できないように改正されています。

　また、通常は、有形固定資産は減価償却の分だけ毎年規則的に資産を減額していきますが、保有している固定資産を事業活動に使っても儲けが出ないなど、購入した効果が期待できないと見込まれた場合は、さらに固定資産の価値を引き下げるという手続を行います。この、手続を「減損」といいます。

　減損処理の手続きは、次のステップで行います。

ステップ１：減損の対象となる資産について、減損の兆候があるかを確認します。
ステップ２：減損の兆候があると識別された資産の割引前の将来的なキャッシュフロー（お金の流れ）と帳簿価額を比較して、帳簿価額を下回る場合に減損の認識が必要と判断します。
ステップ３：帳簿価額と回収可能価額（正味売却価額と使用価値のいずれか高いほうの金額）を比較して、帳簿価額が高い場合に、回収可能価額まで帳簿価額を切り下げます。

　ステップ３の結果、減損処理をすることになると、会計処理で「減損損失」を損益計算書で計上することになりますが、この損失は臨時的な損失なので特別損失に表示します。

　貸借対照表上の固定資産の金額は、切り下げ後の金額で表示されることになりますが、表示の方法として３つの方法があります。

①**直接控除形式（原則）**：減損損失控除後の金額を取得原価として表示します。
②**独立間接控除方式**：取得原価から減損損失と通常の減価償却の累計額を区分して控除する形式で表示します。
③**合算間接控除方式**：取得原価から減損損失と通常の減価償却の累計額の合計した金額を控除する形式で表示します。

減損処理をした年度は、損益計算書の特別損失の項目に減損損失が計上されるので、計上されていた場合は、どの固定資産が減損の対象となったのかを確認するようにしましょう。

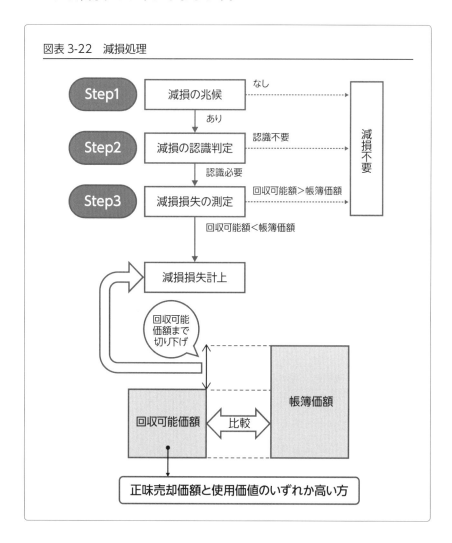

図表 3-22　減損処理

✔ ここだけチェック

減価償却資産は、毎期の減価償却を通じて貸借対照表価額が減額される

9 債務の計上

♦ 支払い方法の違いが名称に反映される

　先ほど第3章-4のパートで売掛金のことを考えたときは、飲食店を運営している会社の立場で考えました。今度は、お店は本屋さんですが、立場を売り手ではなく本の買い手が会社だとして、その立場になって考えてみてください。

　本を買った時に代金はどのように支払いますか？

　現金で支払うこともあれば、クレジットカードで支払うこともあるでしょう。お金の支払い方法で貸借対照表での表現がどのように異なってくるのか考えましょう。

　本屋さんで本を買ったという事実は、お金の支払い方法に関係なく変わらない事実です。この取引の結果は、本を買って経費がかかったので、損益計算書では利益が減ります。利益が減るので純資産が減ります。では、貸借対照表の資産や負債はどう変化するでしょうか。現金で支払えば、現金という資産が減ります。貸借対照表の8変化の、資産が減って、純資産が減るパターンです。

　クレジットカードで買った場合は、どうでしょうか。この場合は、すぐにお金は減りませんが、後でお金を支払わなければならないという債務を認識する必要がありますので、負債が増えます。貸借対照表の8変化の、負債が増えて純資産が減るパターンです。

　クレジットカードでなくても、本屋さんから請求書を発行してもらって支払うというパターンも同様の結果となりますね。このようにツケで購入した場合は、「買掛金」あるいは「未払金」という負債の勘定科目で計上します。

　「買掛金」のことは、会計の専門的な言い回しでは、通常の取引に基づいて発生した営業上の未払金となります。

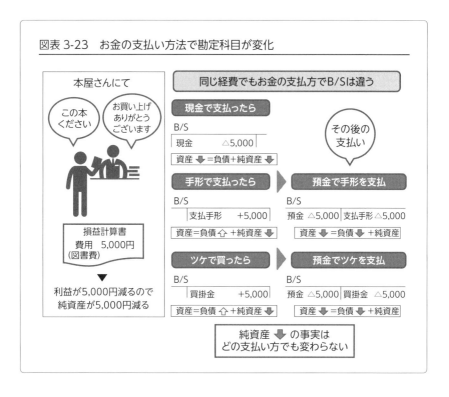

図表 3-23　お金の支払い方法で勘定科目が変化

◆ 買掛金や未払金は流動負債に分類

　買掛金、未払金は通常１カ月程度で支払うものなのでワン・イヤー・ルールで考えて、流動負債に分類されます。

　売上の時に、手形をもらって受取手形を認識することを説明しましたが、物やサービスを購入する場合に発生する債務の場合は、逆に手形を振り出して相手に支払うことを約束することがあります。この際に、振り出した手形は「支払手形」として流動負債に計上します。

　続いて、計上された買掛金や支払手形がその後どのように変化していくのかについて見てみましょう。手形が無事に決済されたり、請求された買掛金額を相手に振り込んで支払ったりしたら預金残高が減ります。その分、支払手形や買掛金という負債は減りますので、8変化の中で資産も負債も減って、純資産が変化しないパターンです。

10 返済必要な社債と借入金

♦ すぐに返す借金と時間をかけて返す借金

借金はあんまりしたくないものですよね。でも、あこがれのマイホームを買うときは住宅ローンを組むでしょうし、どうしても欲しい車があって手もとにお金がない場合でも、返済できる自信があればローンを組むこともあるでしょう。

ボーナス資金がなくて、一時的に借りるケース、設備投資を行って事業を拡大していくときに長期的に借りるケースなど、目的や期間はさまざまですが、会社も事業活動の中でお金を借りることはあります。

図表3-24の貸借対照表を見てください。個人の貸借対照表で考えると借金として発生するものとしては、短期間で返済するキャッシングや長期間で返済する住宅ローンなどがあります。

会社の場合、前者のような短期の借入金は、流動負債に「短期借入金」として計上します。後者のように長期間にわたって返済していく借入金の場合は、固定負債に「長期借入金」として計上します。

ただ、この長期間にわたる借入金の中にも、1年後までに返済するものが含まれているので、1年以内に返済する借入金は流動負債の中に「1年内返済長期借入金」という勘定科目を設けて短期的に返済する予定であることがわかるようにします。

このほか、あまり馴染みのないもので、「社債」という勘定科目があります。これは、会社が発行する債券を外部の会社や個人に購入してもらって、何年後かに返済するという資金調達手段で、借入金と近い性格のものです。

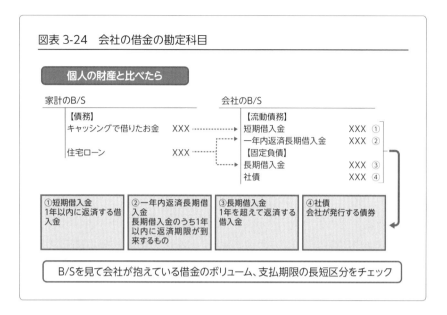

図表 3-24　会社の借金の勘定科目

個人の財産と比べたら

家計のB/S　　　　　　　　　　　　　会社のB/S

【債務】　　　　　　　　　　　　　　【流動債務】
キャッシングで借りたお金　XXX ┄┄┄→　短期借入金　　　　　　XXX ①
　　　　　　　　　　　　　　　　　→　一年内返済長期借入金　　XXX ②
住宅ローン　　　　　　　　XXX ┄┄┄　【固定負債】
　　　　　　　　　　　　　　　　　→　長期借入金　　　　　　　XXX ③
　　　　　　　　　　　　　　　　　　　社債　　　　　　　　　　XXX ④

| ①短期借入金 1年以内に返済する借入金 | ②一年内返済長期借入金 長期借入金のうち1年以内に返済期限が到来するもの | ③長期借入金 1年を超えて返済する借入金 | ④社債 会社が発行する債券 |

B/Sを見て会社が抱えている借金のボリューム、支払期限の長短区分をチェック

　国が発行している債券は「国債」と言って、国債残高が増えたので国の借金が増えたなんていうニュースを見ることがありますが、社債はそのような借金の会社版と考えてください。

♦「てこの原理」を使った経営

　あまりしたくない借金ですが、全く借金をしないと会社の成長機会をみすみす逃してしまう可能性があります。

　「レバレッジ効果」という言葉がありますが、自分のお金（会社の場合は元手の純資産）だけで事業を行うよりも、借金をした方が利益を大幅に出せる効果のことをいいます。

　例えば、5％の利益を出せる事業を行っている場合、自己資金1億円のみで行ったら、税引前の利益は500万円になります。株主としては1億円の出資に対して5百万円の利益ですから5％の利益率です。

　自己資金1億円の他に事業が有望ということで、4億円の借入をして3％の金利を払った場合の税引前の利益は、1300万円（5億×5％－4億×3％）となります。

この場合の株主として、利益率は1億円の出資に対して1300万円の税引前利益ですから、税引前の年の利回りは13%となります。

このように少ない自分の元手でも、借金をすることで大きく事業を成長させていく方法を、「てこの原理」を活かした「レバレッジ経営」といいます。

借入をする時は、借りたお金を投資した分で、どの程度の儲けが生まれて、その結果、何年くらいでお金を返済できるのかといった返済の計画を立てることが重要です。

決算書を見ると、借金の規模の大きさや短期的にどのくらいの借金を返済しなければならないのかといったことが、流動負債の短期借入金の勘定から読み取れますし、それに見合うだけの資金が流動資産にどれくらいあるのかをチェックすることで会社の財政状態の善し悪しを判断できます。

また、これはあくまでも目安ですが、借入金の残高が月商の3カ月分以内であれば問題ないですが、それ以上だと借金が多すぎるといった基準もありますので、参考にしてください。

✔ ここだけチェック

借入金は1年以内に返済するかどうかで流動・固定区分をする

11 損失に備える引当金

♦ 将来の費用又は損失を引当金計上する4要件

図表3-25を見てください。結婚したての若いカップルがなにやら約束をしているようです。男性が女性に「結婚10周年には100万円する素敵な指輪を買ってあげる」と誓っているようです。

約束したのに、後ですっかり忘れたりしたら男の面目丸つぶれですから、毎年忘れないようにしなければなりませんね。そこで、出てくるの

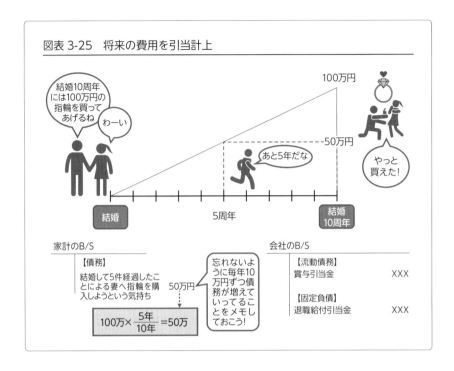

図表 3-25　将来の費用を引当計上

が、会計上「引き当てる」という考え方です。

　男性が指輪を買うのは 10 年後ですが、毎年結婚生活を継続しているということは、妻へ指輪を買ってあげるという気持ちと同時に、買わなければならない義務も積み上がっていきますよね。義務なんて言ったら愛がない感じですが、約束をしている以上は義務となり、会計的に考えるとそれを債務として負債に計上する必要があるのです。

　次にいくらの義務なのかということになりますが、例えば結婚して 5 年経過しているようであれば、最終的には 100 万円となる債務のうち、最終地点の 10 年に対して半分経過したことから、50 万円を義務と考えます。結果として、個人の貸借対照表で考えた場合、債務として 50 万円が計上されることになります。ここで、計上している債務を「引当金」と呼びます。

　引当金は、将来において費用又は損失が発生することが見込まれる場合に、当期に費用又は損失を計上して、それに対応する残高を貸借対照

表の負債の部に計上するものです。

　引当金を計上する要件としては次の4つの要件があります。
①将来の費用又は損失であること
②費用又は損失が当期以前の事象に起因して発生するもの
③発生の可能性が高いこと
④金額を合理的に見積もることができること

　先ほどの指輪の例で考えると指輪は将来買うので①の要件は満たし、結婚生活を送っているので②の要件も満たされます。このまま仲が良く、結婚生活が続きそうなので③の要件も満たし、購入見込みの指輪の金額も決まっているので④の要件も満たしますので、引当金の計上をする必要があるといえます。

　計算例を、会社の経理でよく出てくる賞与引当金の例で見てみましょう。

【設例】
　決算日は3月末日
　就業規則で、賞与の支給について、前年12月から当期5月末までの分を6月10日に、当期6月から11月末までの分を12月10日に支給することとなっています。
　×2年6月10日には12,000,000円の賞与を支給する見込みとなっています。

　上記の場合に、×2年3月31日の貸借対照表に計上すべき賞与引当金はいくらになるでしょうか。

　引当金の金額を算定する前に、要件を満たすかどうかを考えてみましょう。

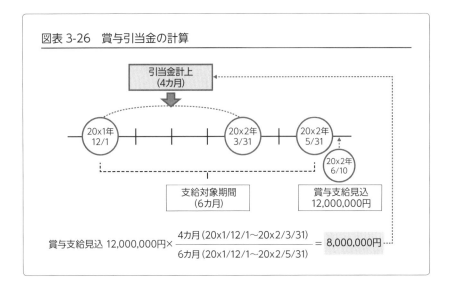

図表 3-26　賞与引当金の計算

①将来の費用又は損失であること

　→賞与の支給は翌事業年度である×2年6月10日なので、将来の費用であるため満たしています。

②費用又は損失が当期以前の事象に起因して発生するもの

　→従業員が役務提供をした結果として支給するので満たしています。

③発生の可能性が高いこと

　→就業規則に規定されており、支給をする前提なので満たしています。

④金額を合理的に見積もることができること

　→支給見込み額があるので満たしています。

　上記の結果、引当金を計上する要件は満たしているといえます。

　×2年6月10日に支給される賞与は、×1年12月1日から×2年5月31日までの6カ月分です。3月決算の貸借対照表上には、×2年3月31日までの4カ月相当を債務として計上する必要があります。

　そのため、12,000,000円×4カ月（×1年12月1日～×2年3月31日）÷6カ月で計算をして、8,000,000円が算定されます。

会社の決算では賞与引当金の他に、退職給付引当金などもあります。ただ、賞与引当金のように1年以内に使用される見込みのものは、流動負債に表示しますが、通常1年を超えて使用される見込みの退職給付引当金は、固定負債に表示されます。

♦ 貸倒引当金は資産から控除

先ほどは負債に計上する引当金を見ましたが、次は資産からマイナスする引当金を見ます。

姉妹であっても金銭を貸し借りするケースもあるでしょう。図表3-27では、姉に貸したお金が回収できそうもなく、困った状態になっている妹の貸借対照表が表現されていますが、会社においても、グループ会社に貸したお金が焦げ付いて、回収が困難になるといった事態になることは少なくありません。

その他にも得意先への売掛金や受取手形に関して、得意先が倒産したために回収できなくなるケースもあります。

回収が出来なくなることを貸し倒れるといいますが、その場合は、貸倒損失が計上されることになります。貸倒れになるリスクに備えて、損失計上することになるかもしれない金額を事前に予想して、あらかじめ計上するものが貸倒引当金です。

貸倒引当金は、金銭債権全般に対して算定をしますが、会計では債権

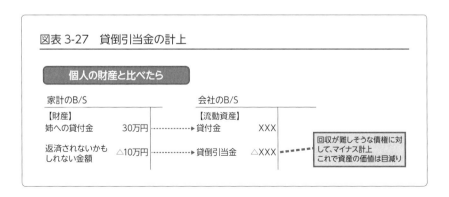

図表3-27　貸倒引当金の計上

を次の３つに分類して、それぞれに応じて算定方法が定められています。

①**一般債権**：経営状態に重大な問題が生じていない債権者に対する債権
②**貸倒懸念債権**：経営破綻にまでは至っていないが、弁済に重大な問題が生じているか、生じる可能性が高い債務者に対する債権
③**破産更生債権等**：経営破綻あるいは実質的に経営破綻に陥っている債務者に対する債権

　次に、貸倒引当金の貸借対照表での表示方法ですが、貸倒引当金は、対応する資産からマイナスして表示します。

　貸倒損失が計上される可能性が高い場合は、回収が難しそうな債権に対して、回収が不能と思われる金額を貸倒引当金として、貸借対照表上の資産の部からマイナス計上します。結果として資産から貸倒引当金の金額をマイナスした残額が、実際に回収可能と思われる金額となります。

　引当金を計上した場合の効果を、"貸借対照表の８変化"で考えてみましょう（図表3-28）。まず、負債に計上する引当金の場合ですが、負債が増えた分だけ費用が計上されて利益が減るので、純資産が減ります。

　次に、資産からマイナスする引当金の場合ですが、資産がマイナスとなって減った分だけ、純資産が減ります。

　こうしてみると、どちらの引当金であっても純資産を減額する効果があるのですね。引当金というのは将来の費用を事前に計上するわけです

図表 3-28　引当金は純資産へのマイナスインパクト

から、利益が減って純資産が減ります。

　ところで、始めに登場した夫婦ですが、途中で離婚したらどうなるのでしょう？いままで積み上げてきた愛が壊れて、指輪を買わなくて良くなりますが、計上してきた引当金は義務がなくなった以上、全て必要なくなります。すると"貸借対照表の8変化"で考えると負債が減りますが、資産は変わらないので、純資産が増えます。でも、ご主人の立場で考えたら、離婚したのが原因なのですから、純資産が増えてもきっと複雑な気持ちでしょうね。

> **✔ ここだけチェック**
>
> 将来の費用や損失に備えて計上するのが引当金

12 差額概念の純資産

♦ 純資産は元手と過去からの利益のかたまり

　純資産は、資産と負債の差額ということでしたね。会社は誰のものかという話を覚えていますか？会社は株主のもので、純資産は株主のものということでした。

　それでは、その純資産の中身は何で構成されているのかをもう少し詳しく見ていきましょう。

　図表3-29を見てください。純資産は、「資本金」、「資本剰余金」、「利益剰余金」、「自己株式」、「評価・換算差額等」で構成されています。

　「資本金」と「資本剰余金」は名称の違いはありますが、大雑把に言えば、株主が出した元手のことです。株主が元手を出すタイミングとしては、会社を作ったときや、途中で会社に追加の資金が必要になって元手を出すようにお願いされた場合などがあります。

　次に、「利益剰余金」ですが、これは毎年の利益の累計です。1年間で区切って計算した損益計算書の利益を、貸借対照表の利益剰余金に毎

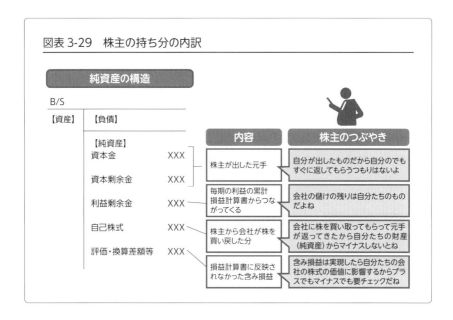

図表 3-29　株主の持ち分の内訳

年結合していきます。第3章-2「貸借対照表の構造」で損益計算書と貸借対照表はつながっているといいましたが、より正しくは損益計算書の当期純利益と貸借対照表の純資産の中の利益剰余金がつながっているのです。

　儲けて利益が出ている会社は、利益剰余金が毎年増えていて、株主としてはうれしい限りでしょうが、損失を多額に計上しているような会社は利益剰余金がマイナスになってしまい、株主が出した元手を食い込んでしまうような状態になることもあります。

　純資産がプラスではなくマイナスの状態、つまり資産よりも負債の方が大きい状態のことを「債務超過」といい、会社としては瀕死の状態であることを意味しています。

　基本的に純資産については、資本金、資本剰余金、利益剰余金の3項目を理解していれば十分です。つまり、株主のものである純資産は、自分で出した元手と過去からの利益の累積で構成されているということをわかっていれば大丈夫です。

　また、純資産は借入金などの負債と異なって、会社の成長を期待して

株主が出資したお金なので、株主としてはすぐに返済されることを予定している訳ではないため、会社としては長期的に使える原資と考えて経営ができます。

♦ 自己株式と評価・換算差額等

　純資産の項目として、次に出てくる2つの項目は、必ずしも全ての会社に出てくるものではありませんが、上場している企業の決算書などではよく登場する項目です。

　1つ目は「自己株式」ですが、これは会社が株主から会社の株式を買い取った場合に使われる項目で、純資産のマイナス項目となります。

　会社に株式を買い取ってもらったということは、株主としては出した元手を返してもらったということになりますから、もう株主のものではないということで、純資産のマイナス項目となっているのです。

　2つ目の「評価・換算差額等」は、含み損益のうち、損益計算書に反映されなかったものが計上されています。

　有価証券の項目で、取得価額を時価に置き換えて含み損益を認識するという説明をしましたが、含み損益の認識の方法は2つあります。

　1つ目は、損益計算書で含み益が出ていれば利益を増やし、含み損があれば利益を減らすという方法です。この方法の場合、含み損益が損益計算書の利益に反映されているので、損益計算書の利益が結合される純資産の利益剰余金に反映されます。

　2つ目の方法は、「純資産直入法」と言われているのですが、先ほどのように損益計算書には数値を計上しないで、含み益がある場合は純資産の「評価・換算差額等」を増額し、含み損がある場合は「評価・換算差額等」を減額するという方法です。第3章－5の「有価証券の4分類」のパートで、「その他有価証券」に分類された有価証券の含み損益を純資産に反映させる方法を説明しましたが、その方法を適用するときに、「評価・換算差額等」が使われます。

　2つ目の方法をとっても、純資産が増減するので、純資産だけを見れば効果は同じですが、損益計算書に反映させるかどうかという点で、会

計では有価証券の内容ごとにルールが決まっています。

このように損益計算書に反映されなかった含み損益を反映させるための調整項目として、「評価・換算差額等」が使われます。

♦ 株主の取り分は株主資本等変動計算書で報告

会社の元手を出してくれた株主には、純資産の動きがわかるように、純資産の部分だけを切り出した報告書を作成します。この報告書のことを「株主資本等変動計算書」といいます。

図表 3-30 に株主資本等変動計算書の簡易版を掲載しましたが、上段には資本金、資本剰余金、利益剰余金といった貸借対照表の純資産の名称が記載されます。

左側には、純資産の変動する要因として、新株の発行、剰余金の配当、当期純利益などが記載されます。

このようなマトリックスによって純資産の各項目がどのような要因でこの 1 年間増減したのかがわかるのです。

図表 3-30 の例では、新株発行によって資本金と資本剰余金がそれぞれ

図表 3-30　株主資本等変動計算書ひな形

株主資本等変動計算書
自20x1年4月 1 日
至20x2年3月31日

単位：千円

| | 株主資本 | | | | | 評価換算差額 | 新株予約権 | 純資産合計 |
	資本金	資本剰余金	利益剰余金	自己株式	合計			
当期期首残高	100,000	20,000	40,000		160,000			160,000
当期変動額								
新株の発行	1,000	1,000			2,000			2,000
剰余金の配当			△3,000		△3,000			△3,000
当期純利益			6,000		6,000			6,000
自己株式の処分					0			0
当期変動額合計	1,000	1,000	3,000	0	5,000	0	0	5,000
当期末残高	101,000	21,000	43,000	0	165,000	0	0	165,000

100万円ずつ増加しています。

　また、配当として300万円の支払が行われており、当期純利益は600万円増えています。結果として利益剰余金は1年間で300万円増加して、期首時点で4,000万円だったものが4,300万円となっています。

　純資産の合計は期首に1億6,000万円でしたが、1年間で500万円増加して期末には1億6,500万円となっています。

　株主資本等変動計算書を作成することで、株主にとって関心事の高い自分の財産である純資産が1年間でどのように変動して、期末現在でいくらあるのかがわかるのです。

✔ ここだけチェック

株主資本等変動計算書で純資産の動きが確認できる

第 **4** 章

財務会計の
キャッシュフロー計算書

▶ キャッシュフロー計算書は、財務3表のひとつで、会社のキャッシュの動きを表しますが、キャッシュフロー計算書を理解するには、「キャッシュフロー＝入金－出金」の公式が便利です。

▶ なぜ、「利益」よりも「キャッシュフロー」が重視されるようになってきているのか、その背景を知ることも重要です。

▶ 利益とキャッシュフローとで違いが生じる要因は何なのでしょうか。それを、知っておけばキャッシュフロー計算書はきっと読み取りやすくなるでしょう。

① キャッシュフロー計算書とは

♦ 机上の利益より現実のキャッシュを重要視

「無い袖は振れない」と言うように、会社経営をしている場合、先立つお金がなければ事業を継続して行うことはできません。

お給料も出ない会社では従業員もいなくなってしまいますものね。会社が潰れるとまではいかなくとも、十分な資金がなければ事業を安定的に成長軌道にのせることは困難となって、拡大路線を取れず、縮小均衡にならざるを得ないかもしれません。最悪の場合は、計算上は利益が出ていても、資金ショートのために黒字倒産なんていうことも現実社会では起きています。逆に、お金さえあれば赤字続きであっても会社が潰れることはありません。それほど、お金の力は大きいのです。

1年間の業績を表す成績表のひとつである損益計算書は、利益という儲け具合がわかる成績表でしたね。

決算書の中には、お金を産み出す力を表す成績表として、キャッシュフロー計算書というものがあります。机上の利益よりも現実のキャッシュの存在が重要視されている昨今において、キャッシュフロー計算書は重要な成績表なのです。ですから、決算書を見るときには、必ず目を通す必要があります。

キャッシュフロー計算書を見る時にも覚えていただきたい公式があります。

キャッシュフロー計算書の公式 「キャッシュフロー＝入金－出金」

算式の意味するところは、実際に会社に入ってくるキャッシュ（入金）と会社から出ていったキャッシュ（出金）の差引が、キャッシュフローと呼ばれる会社が生み出したお金であるということです。

図表 4-1　キャッシュフローの公式

キャッシュフロー	＝	入金	－	出金

お金の流れを示すツール

　キャッシュフロー計算書の対象としているキャッシュとは何かということも確認しておく必要があります。キャッシュフロー計算書におけるキャッシュとは、「現金及び現金同等物」とされています。

　まず、「現金」の方ですが、手許現金と要求払預金のことを指します。要求払預金というのは、いつでも自由に引き出せる、期限の定めのない預金をいい、当座預金、普通預金、通知預金などが該当します。

　次に「現金同等物」の方ですが、これは容易に換金可能で、なおかつ価格の変動がわずかしかなく、元本がほぼ保証される短期的な投資のことをいいます。短期投資というのは、取得した日から満期日や償還日までが3カ月以内ものが目安です。具体的には、定期預金、譲渡性預金、コマーシャルペーパーなどがあります。

　「現金及び現金同等物」は上記のように一定の範囲が定められていますので、貸借対照表の「現金及び預金」とは必ずしも一致しません。

　それでは、なぜ「お金」に注目が集まるようになったのでしょう？

　まず、決算書を読んで会社の株を買うか悩んでいる、あるいは今保有している会社の株式を売却すべきか保有し続けるべきか検討している投資家が、投資先の善し悪しを検討するに当たって、利益の金額を重視する傾向から、お金を多く生み出し、それらをいかに上手に使ったかどうかという点を重視し始めてきているということがあげられます。机上の利益よりも、実際の現ナマの方が信頼できるということですね。

　また、キャッシュは会社運営上の生命線であるという認識が強まってきています。お金を生み出す力が会社にあるかどうか、お金を上手に使っ

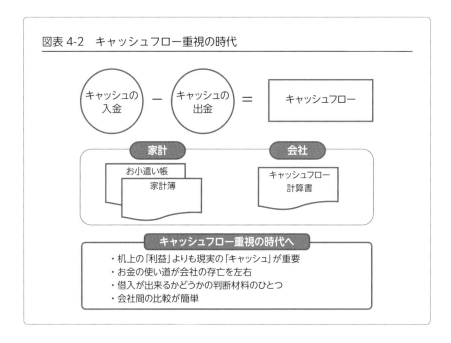

図表 4-2　キャッシュフロー重視の時代

キャッシュの入金 － キャッシュの出金 ＝ キャッシュフロー

家計
- お小遣い帳
- 家計簿

会社
- キャッシュフロー計算書

キャッシュフロー重視の時代へ
- ・机上の「利益」よりも現実の「キャッシュ」が重要
- ・お金の使い道が会社の存亡を左右
- ・借入が出来るかどうかの判断材料のひとつ
- ・会社間の比較が簡単

ているかどうかという点が、会社の善し悪しの判断基準のひとつになってきているのです。

　次に、銀行がお金を貸す場合にも、単に利益を出しているかどうかという点に着目するのではなく、お金の使い方や本業でどれだけ潤沢にお金を生み出しているかといった点に着目している点もあげられます。銀行から融資を受けるためには、利益をきちんと出すことに集中していればそれほど問題にならない時代もありましたが、今はキャッシュフローを重視した経営をしているという点を、会社は示す必要が出てきています。

　さらに、利益を計算する会計のルールは、ある程度会社の裁量に任されたり、複数の方法から選択することができるようになっていたりするため、単純に会社間での比較や同じ会社でも過去との比較をすることができない面があります。一方でお金の動きは、会社の裁量や会社の会計の処理方法の選択にかかわらず結果は変わらないため、企業間の比較がしやすいという点からも注目されています。

♦ キャッシュフロー計算書も３つに区分

　次に、キャッシュフロー計算書ですが、どのような構造になっている
かを見ていきましょう。損益計算書でも儲けの区分を３つに分けて考え
ましたが、キャッシュフロー計算書でも３つに区分します。人に何かを
伝える時やポイントを整理する時などでも３つに分類するって一番わか
りやすいですね。

　キャッシュフロー計算書の３区分ですが、「営業活動」、「投資活動」、
「財務活動」という３つの企業活動にお金の動きを分けます。

　家計のお金の動きで考えると、営業活動がいわゆる日常生活に該当し
て、投資活動は自宅の売買や余ったお金を株式に投資したりといった、
将来への投資のための活動が該当します。そして財務活動というのは、
お金を借りたり、それを返済したりといった借金にまつわる活動が該当
します。ここでも、会社の活動と個人の活動が似ているなって思ってい
ただけると、キャッシュフロー計算書も身近なものと感じていただける
と思います。

　会社のキャッシュフロー計算書の各区分には、次のような内容が計上
されることになります。

「営業活動によるキャッシュフロー」
　……商品の販売や仕入、さらにその他の費用といった本業に関係する
お金の入出金
「投資活動によるキャッシュフロー」
　……固定資産の購入や売却、投資有価証券の購入や売却といった将来
の利益獲得や資金運用のための入出金
「財務活動によるキャッシュフロー」
　……借入による収入や借入金の返済、配当金の支払いといった資金の
調達と返済の入出金

　それぞれの詳細については後ほど改めて説明しますので、まずは、

キャッシュフロー計算書が営業活動と投資活動と財務活動の3つに区分され、表示されるということを理解して下さい。

そして、キャッシュフロー計算書では3つの活動の区分ごとに詳細なお金の出入りを計上し、入金と出金の差額として各活動のキャッシュフローを表示します。

さらに、3つの活動のキャッシュフローを合計して、会社全体でのお金の増減を算出した上で、期首と期末でどれだけキャッシュが増えたのか減ったのかを表示します。キャッシュフロー計算書では、3つの活動ごとに、どのようにお金の入出金がなされたかが示されますので、お金の使い道の善し悪しを判断するための成績表としての役割を果たしているのです。

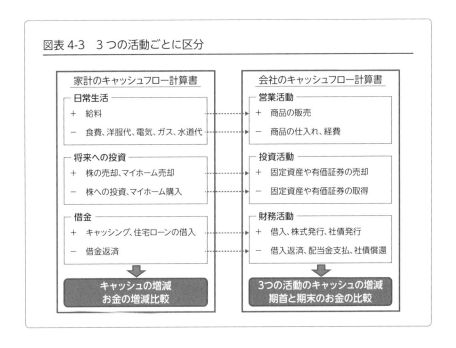

図表 4-3　3つの活動ごとに区分

利益も重要だが、キャッシュフローも重視されている

2 利益とキャッシュフローの違いは

♦ 「勘定合って銭足らず」の状態だと黒字倒産

利益というのは収益から費用を差し引いて計算しますが、キャッシュフローはお金の入金からお金の出金を差し引いて計算します。

経済活動において、お金の動きが収益や費用の動きと同じでないということは、当たり前に生じます。

収益があってもお金の入金がなければ資金が不足することになり、結果として利益が出ているのにお金が足りなくなり、収益が黒字にもかかわらず会社が倒産に追い込まれるという、「黒字倒産」という事態はあり得るのです。

そこで、利益とキャッシュフローが一致しないとは、どのような経済取引なのかを理解しておく必要があります。

具体例で利益とキャッシュフローの違いを確認しましょう。図表4-4を見てください。現金で仕入れた800円の商品を、ツケで1,000円の値段で販売したケースです。利益は200円ですね。

"貸借対照表の8変化"で動きを見ると、仕入の分で現金は800円減って、ツケで販売した結果売掛金が1,000円増えているので、相殺して資産が200円増えて純資産が200円増えていますね。この200円分は収益1,000円から費用800円を差し引いた利益分です。

このときのキャッシュフローを考えてみましょう。入金の方は、掛けですので、まだ未入金の状態ですから入金はゼロとなります。出金の方は、仕入に800円を使ったので800円の出金です。結果としてキャッシュフローは入金ゼロから出金800円を差し引いてマイナス800円となります。

利益とキャッシュフローとで、いくら差額が発生したのか計算すると利益のプラス200円とキャッシュフローのマイナス800円との差ですから、1,000円の差異が発生しています。

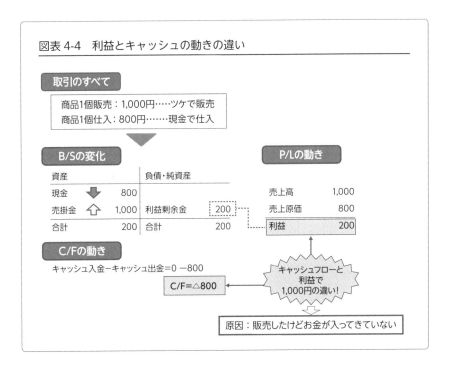

図表 4-4 利益とキャッシュの動きの違い

取引のすべて

商品1個販売：1,000円……ツケで販売
商品1個仕入：800円……現金で仕入

B/Sの変化

資産		負債・純資産	
現金 ⬇	800		
売掛金 ⬆	1,000	利益剰余金	200
合計	200	合計	200

C/Fの動き

キャッシュ入金－キャッシュ出金＝0 －800

C/F＝△800

P/Lの動き

売上高	1,000
売上原価	800
利益	200

キャッシュフローと利益で1,000円の違い！

原因：販売したけどお金が入ってきていない

　この差の原因は、売掛金が1,000円増えてお金に換わっていないことです。お金の動きと利益を計算する収益、費用の動きが一致していないですね。収益は1,000円計上されているのに、お金が同じように増えていないので、差額が生じたのです。

　売掛金という資産が1,000円増えた分だけ、キャッシュフローと利益が異なることになっています。このような資産とキャッシュフローの動きの相関関係は後ほど説明しますが、キャッシュフロー計算書を読む上で重要となってきます。

◆ 利益とキャッシュフローで差が出る原因

　利益とキャッシュフローとで差が生じることがわかったところで、次に利益とキャッシュフローとで差異が発生する原因について説明します。一般的に利益とキャッシュフローとで差が出る事象として、次のような事象があります。

図表 4-5　利益とキャッシュフローが不一致なケース

＝ 利益とキャッシュフローが一致しない原因 ＝

① 減価償却の計上	② 代金回収の遅れ	③ 在庫の保有
④ 引当金の計上	⑤ 代金支払の遅れ	

① 減価償却の計上 (資産 ⬇)

工場を使った分だけ、固定資産の価値を減価償却を通じて減額
資産 ⬇ ＝負債＋純資産 ⬇ (利益が減る)
入金0＋出金0＝C/F0 ……………▶ 不一致 (利益＜C/F)

② 代金回収の遅れ (資産 ⬆)

商品を販売したが、ツケで売ったので売掛金のまま
資産 ⬆ ＝負債＋純資産 ⬆ (利益が増える)
入金0＋出金0＝C/F0 ……………▶ 不一致 (利益＞C/F)

④ 引当金の計上 (負債 ⬆)

将来支払う退職金のために引当金を計上
資産＝負債 ⬆ ＋純利益 ⬇ (利益が減る)
入金0＋出金0＝C/F0 ……………▶ 不一致 (利益＜C/F)

①減価償却の計上
②代金回収の遅れ
③在庫の保有
④引当金の計上
⑤債務の支払の遅れ

　ここでは、①、②、④について図表 4-5 を見ながら解説します。

　差異が発生する原因を考える際に、利益を算出する際の収益や費用の動きとキャッシュの入金、出金の動きが一致していないことをイメージしてみてください。きっと理解しやすくなると思います。

　それでは、まず①の減価償却を計上する場合の取扱いについて考えてみましょう。

　図表 4-5 にあるように、例えば会社が工場を保有して使っている場合、工場という資産を固定資産に計上していて、減価償却を通じて費用計上

していきます。減価償却の分だけ工場の資産価値が減るので、資産が減って、同額費用が計上されることで純資産が減ります。

　キャッシュフローを考えると、減価償却を行っても特にお金の入金も出金もないですよね。ただし減価償却は、利益の計算過程上は費用の計上がされます。キャッシュフローではその分の出金を伴わないので、利益とキャッシュフローで差異が生じるのです。

　利益は費用計上した分、マイナスに振れていますので、利益とキャッシュフローを比較するとキャッシュフローはゼロです。そのため、マイナス分だけ利益と比べてキャッシュフローの方が多くなります。

　つまり資産が減った分、キャッシュフローが利益計算と比べて増えるのです。先ほどの売掛金という資産が増え、キャッシュフローが利益と比べて減少したのとは逆の動きですね。

　減価償却をして利益がマイナスになっても、キャッシュフローはゼロで入出金に影響を与えないということは、後ほど管理会計の正味現在価値を学習するときにも出てきますので、是非とも覚えておいて下さい。

　次に②の代金回収の遅れは、先ほど説明したようなツケで商品を販売し、売掛金のままでお金の回収が進んでいないようなケースのことです。代金を請求できる取引が発生して収益が上がり、その分売掛金という資産が増えているのにお金に換わっていないので、資産と純資産が増えて（収益が増えて利益があがっているからです。）いる状態です。資産が増えた分、キャッシュフローが利益と比べて少なくなりますね。

　最後に④の引当金を計上する場合はどうでしょうか。引当金の中でも、賞与引当金のように負債性の引当金が計上されると負債が増え、その分の費用が計上されて純資産が減ります。

　キャッシュの動きをみると費用は計上されていますが、引当金ですのであくまでも将来の備えとして費用計上しているだけなので、キャッシュの出金はありません。費用は計上されてもキャッシュは出ないので、利益はマイナスですが、キャッシュフローは変化しない分、利益と比べ

るとキャッシュフローはマイナスの分だけ多くなります。

♦ 資産や負債の動きとキャッシュフローの動きに注目！

利益の計算とキャッシュフローの計算で差異が生じることや、その主たる原因がわかったところで、キャッシュフロー計算書を作ったり、見たりする際に必要な法則について解説します。

利益とキャッシュフローの差異原因を説明した際に、資産や負債の動きに合わせ、利益と比べてキャッシュフローが増減のどちらに振れるかを説明しましたが、それらを整理すると図表4-6のような関係になります。

資産が増えるとキャッシュフローが減って、資産が減るとキャッシュフローは増えます。負債の場合は、負債が増えるとキャッシュフローが増えて、負債が減るとキャッシュフローが減ります。

なぜ、このような関係を理解しておくことが重要かというと、キャッシュフロー計算書の作成方法のひとつに、利益からスタートして作成す

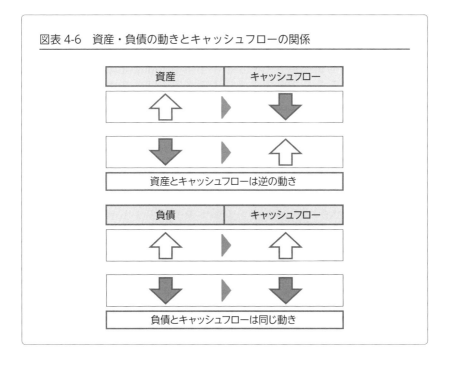

図表 4-6　資産・負債の動きとキャッシュフローの関係

る「間接法」という方法があるからです。

　利益からスタートするということは、利益と比べてキャッシュフローがどのような関係にあるのかを知っておく必要があり、さらにこの場合は貸借対照表の動きからキャッシュフロー計算書を作るのが一般的なため、資産や負債の増減とキャッシュフローの相関関係を知っておくことが重要になるのです。

> **✔ ここだけチェック**
>
> 減価償却では、利益は減るが、キャッシュフローは変動しない

③　営業活動のキャッシュフロー

◆ 直接法と間接法の2方法

　それでは、キャッシュフロー計算書の各区分について見ていきましょう。まずは「営業活動によるキャッシュフロー」から見てみますが、ここは、本業でのお金の動きを示します。本業ということなので、損益計算書の営業利益に近い内容となっています。そのため、売上高や売上原価、さらに販売費及び一般管理費に関するお金の入出金が計上されます。

　ところで、損益計算書の営業利益に似ているようですが、キャッシュフロー計算書を作るとなると、お金の動きと損益の動きとは必ずしも一致しないことが多いので、経理の方はひとつの取引についてお金と損益のふたつの動きを別々に把握しなければならず、非常に大変です。

　そこで、キャッシュフロー計算書を作る方法として、直接お金の動きを追って作る方法と、損益の動きだけを追っていってお金の動きは貸借対照表の資産、負債の増減から推測する方法のふたつがあります。前者の方法を直接法といい、後者の方法を間接法といいます。

　直接法というのは、はじめから一つ一つの取引を積み上げて集計するやり方です。それに対して間接法の場合は、利益という損益計算書で算

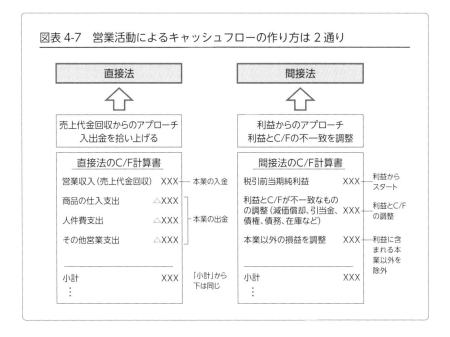

図表 4-7　営業活動によるキャッシュフローの作り方は 2 通り

直接法

売上代金回収からのアプローチ
入出金を拾い上げる

直接法のC/F計算書

営業収入（売上代金回収）	XXX	本業の入金
商品の仕入支出	△XXX	
人件費支出	△XXX	本業の出金
その他営業支出	△XXX	
小計	XXX	「小計」から下は同じ
⋮		

間接法

利益からのアプローチ
利益とC/Fの不一致を調整

間接法のC/F計算書

税引前当期純利益	XXX	利益からスタート
利益とC/Fが不一致なものの調整（減価償却、引当金、債権、債務、在庫など）	XXX	利益とC/Fの調整
本業以外の損益を調整	XXX	利益に含まれる本業以外を除外
小計	XXX	
⋮		

出された結果をもとに、利益とキャッシュフローとで動きが違う部分だけを抜き出して算出するのです。

　具体的にキャッシュフロー計算書をそれぞれの方法で作ると、どのようになるのかを図表 4-7 で確認してみましょう。

　直接法で作ったキャッシュフロー計算書は、スタートが営業収入、つまり売上代金の回収からとなっています。一つ一つの取引から追っていきますので、売上代金の入金、商品仕入代金の支払い、その他の費用の支払いなどを内容別に表示しています。このように直接法の場合は、取引ごとにキャッシュフローを把握して資料を作成するので手間はかかりますが、取引ごとに入出金が表示されますので、決算書を読む立場としてはわかりやすい構成となっています。

　間接法の場合は、利益とキャッシュフローとの差に着目して作成するので、税引前当期純利益からスタートしています。その下で、利益とキャッシュフローの動きが一致しない減価償却、引当金、債権、債務、在庫の増減といった内容のものを加減算します。

ここで、加減算するルールですが、本章－2「利益とキャッシュフローの違いは」で説明した資産の増減に対して、キャッシュフローは反対の動きをさせ、負債の増減に対してキャッシュフローは同じ動きをさせるように加減算させます。

　例えば、売掛金の期首の金額と期末の金額を比較して、期末の方が増えている場合は、資産が増加した分、キャッシュフローは利益と比べて減少しているので、キャッシュフロー計算書では売掛金の増加としてマイナス計上します。

　また、税引前当期純利益の中に本業以外の損益が含まれている場合は、それらを除外して本業でのキャッシュフローだけが算出されるように調整をしています。このように間接法によるキャッシュフロー計算書は、いくつかの調整計算が入るので会計に慣れていない方には理解がしにくいかもしれませんが、一つ一つの取引を追わずに貸借対照表の資産や負債の期首と期末の差額を利用して簡単に作成できるということで、多くの会社が間接法を採用しています。

　また、利益からスタートするので、利益とキャッシュフローとの関係が明らかになるという点がメリットとしてあげられます。そのため、営業利益と営業活動によるキャッシュフローとで大きな違いがある場合は、何に原因があるかというのはキャッシュフロー計算書から読み取れます。

♦ 営業キャッシュフローの「小計」

　もう少し、営業活動によるキャッシュフローの中身を詳しく見てみましょう。図表4-8に間接法で作った営業活動によるキャッシュフローが掲載されていますが、中程に「小計」という欄があります。この「小計」が、受取利息、支払利息、法人税等の税金に関するお金の動きを除いた、本業のキャッシュフローを表現します。利息や税金の出金は「小計」の下で加味します。

　「小計」の上は利益からスタートしていますが、利益の下で本業に関して利益とキャッシュフローとが不一致となるものを、資産・負債の増

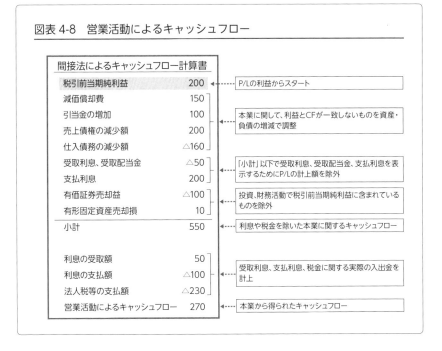

図表 4-8　営業活動によるキャッシュフロー

間接法によるキャッシュフロー計算書

税引前当期純利益	200	◀ ┈┈ P/Lの利益からスタート
減価償却費	150	
引当金の増加	100	本業に関して、利益とCFが一致しないものを資産・負債の増減で調整
売上債権の減少額	200	
仕入債務の減少額	△160	
受取利息、受取配当金	△50	「小計」以下で受取利息、受取配当金、支払利息を表示するためにP/Lの計上額を除外
支払利息	200	
有価証券売却益	△100	投資、財務活動で税引前当期純利益に含まれているものを除外
有形固定資産売却損	10	
小計	550	◀ ┈┈ 利息や税金を除いた本業に関するキャッシュフロー
利息の受取額	50	
利息の支払額	△100	受取利息、支払利息、税金に関する実際の入出金を計上
法人税等の支払額	△230	
営業活動によるキャッシュフロー	270	◀ ┈┈ 本業から得られたキャッシュフロー

第 4 章　財務会計のキャッシュフロー計算書

減から調整する項目が計上されます。その下で、税引前当期純利益に含まれている受取利息、受取配当金、支払利息を除外する調整がなされています。受取利息や支払利息の入出金は、「小計」の下でそれぞれの受取額や支払額として加味され、「小計」までの段階では利息や税金関係を除外してキャッシュフローを算出するために、そのような調整を行っております。

さらにその下で、有価証券売却益や有形固定資産売却損といった投資活動や、財務活動によるキャッシュフローで表示するべき内容が、税引前当期純利益に含まれている場合、それらを除外する調整を行っております。

このように間接法によるキャッシュフロー計算書においては、利益がスタートとなっている関係上、本業に関する利益とキャッシュフローの差額の調整と、利益に含まれている本業以外の損益の除外という調整がなされているのです。

キャッシュフロー計算書の中でも、営業活動によるキャッシュフローは本業でのお金を生み出す力を表しますので、特に着目すべき数値です。どの程度プラスになっているのか、あるいはマイナスになっているとしたら何が原因なのかをチェックすることが重要です。

> **✔ ここだけチェック**
>
> 間接法でキャッシュフロー計算書を作る方が簡単

4 投資活動のキャッシュフロー

◆ 将来への布石を打っているのかをチェック

3種類のキャッシュフロー活動のうち、2番目の投資活動によるキャッシュフローについて学んでいきましょう。

記載する内容ですが、将来の利益獲得のために行うお金の出入りや資金運用のお金の出入りです。具体的には、次のようなものが記載されます。

①有形固定資産及び無形固定資産の取得及び売却によるキャッシュフロー
②有価証券や投資有価証券の取得及び売却によるキャッシュフロー
③貸し付けによる支出や貸付金の回収による収入
④合併や買収といった M&A に伴う支出や収入

投資活動によるキャッシュフローを見れば、会社が積極的に設備投資を行っているか、営業活動によって得たキャッシュをどのように運用しているかがわかります。

作成の仕方は、営業活動のキャッシュフローと違って、直接法と間接

図表 4-9　投資活動によるキャッシュフロー

将来の利益獲得	資金運用
ex. 設備投資	ex. 株の取得、売却

家計のキャッシュフロー			会社のキャッシュフロー	
			投資活動によるキャッシュフロー	
株の購入	△XXX		有価証券の取得による支出	△XXX
株の売却	XXX		有価証券の売却による収入	XXX
パソコンや車の購入	△XXX		有形固定資産の取得による支出	△XXX
自宅の売却や車の下取り	XXX		有形固定資産の売却による収入	XXX
親族にお金を貸付	△XXX		貸付による支出	△XXX
貸したお金の回収	XXX		貸付金の回収による収入	XXX
			⋮	
			投資活動によるキャッシュフロー	XXX

法という区分はなく、ひとつの方法しかありません。基本的に総額でお金の入りと出を表示します。

　そのため、例えば有価証券の取得と売却の両方を行っている場合において、キャッシュフローを相殺せずに、取得と売却それぞれの総額を表示します。

♦ フリーキャッシュフローが成長の源泉

　営業活動によってたくさんのキャッシュを生み出したとしても、それをため込んでいただけでは将来が安泰といえないかもしれません。今の営業活動を続けていこうにも、設備の老朽化が進めば会社の生産性は落ちていきます。また、社会環境の変化や技術革新が起きたとき、それらに対応した設備が用意できなければ、会社は世間から取り残されてしまうことになります。そうならないために、設備に対する投資が不可欠です。

　設備の修繕などの既存事業を維持するための投資は当然必要ですが、

将来の新たな収益源を生み出すために新規事業に投資したり、新規事業がなければ余剰資金をいかに運用していったりするかということは重要です。

　手許に十分なキャッシュがあることは財務的な安全性は高いといえますが、将来の財務安全性を高めるためにも、いかに投資を行っていくべきかという観点も経営上は考えるべき課題なのです。

　キャッシュフロー経営を考える時に、「フリーキャッシュフロー」という用語があります。フリーキャッシュフローの求め方は、いくつかありますが、一般的には、次の算式で求められます。

フリーキャッシュフロー（FCF）
＝営業活動キャッシュフロー
　　−　投資活動キャッシュフロー（現在の事業を維持するための
　　　　キャッシュフロー）

　差し引く方の現在の事業を維持するためのキャッシュフローは、次のようにいくつかの考え方がありますが、いずれとするかは会社の判断で行うこととなります。

①投資活動によるキャッシュフローの全て
②投資活動によるキャッシュフローのうち設備投資によるキャッシュフロー
③設備投資のうち、生産維持に必要なもののみ

　算出されるフリーキャッシュフローですが、何を意味するかというと会社が自由に使えるお金を意味します。

　フリーキャッシュフローがあれば、それを使って全く新しいビジネスに投資をしたり、借入金の返済、株主への配当に資金を回したりすることができるのです。

　そのため、キャッシュフロー計算書を見る際は、営業活動によるキャッ

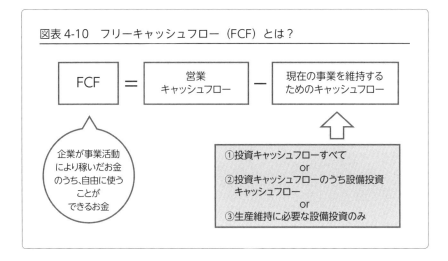

図表 4-10　フリーキャッシュフロー（FCF）とは？

FCF ＝ 営業キャッシュフロー － 現在の事業を維持するためのキャッシュフロー

企業が事業活動により稼いだお金のうち、自由に使うことができるお金

①投資キャッシュフローすべて
or
②投資キャッシュフローのうち設備投資キャッシュフロー
or
③生産維持に必要な設備投資のみ

シュフローと投資活動によるキャッシュフローのうち、現在の事業を維持するためのキャッシュフローを見て、フリーキャッシュフローがプラスかマイナスかを見ることが重要です。

　フリーキャッシュフローがプラスであれば、資金に余裕があるので、借入金に依存せずに投資をすることができます。さらに、借入金があったとしても返済原資とすることができるため、借入金の返済を通じて財務が健全になっていくのです。

　それに対してフリーキャッシュフローがマイナスであれば、自由に使えるお金がないために、新規の投資をする場合は借入等に依存せざるを得ないため、資金調達力がなければ事業の成長が見込めないかもしれません。あるいは、投資資金や返済資金を捻出するために保有している資産を売却するといったことをしなければならず、会社の資産が減っていくことになります。

✔ ここだけチェック

フリーキャッシュフローがプラスということは、自由に使えるお金があることを意味する

◆ 資金の調達と返済の動きが反映される

キャッシュフロー計算書の３番目の区分は、「財務活動によるキャッシュフロー」です。

ここには、営業活動及び投資活動を維持するためにどの程度の資金が調達され、または返済されたかが示されます。具体的には、次のようなものが記載されます。

①借入金による調達及び返済による支出
②社債の発行による調達及び償還による支出
③株式発行による調達
④配当金の支払い
⑤自己株式の取得による支出及び売却による収入

①の借入金による調達や返済は、家計のお金で考えるとキャッシングや住宅ローンを組んでお金を借りた上で、返済していく取引と同じようなものです。この借入金について、借金して入ってきたお金と返済したお金は、原則として総額で表示することになっていますが、短い期間で借りて返しているような場合は、入金と出金を相殺して純額で表示することができます。

社債の発行によって調達やその償還を行った場合に、上記②の項目として記載がされます。

③の株式の発行によって資金調達をする場合とは、会社設立時に株主に元手を出してもらう場合や、設立以後に追加の資金調達として、既存の株主あるいは新たに株主を募集して新規の株主に追加で元手を出してもらう場合があります。

④の配当金の支払いは、株主に元手を出してもらった見返りに、儲かっ

図表 4-11　財務活動によるキャッシュフロー

資金の調達
ex. 金融機関からの借入
　　社債発行
　　株式発行

資金の返済
ex. 借入金の返済
　　社債の償還
　　配当金の支払い

家計のキャッシュフロー

キャッシングの純増額	XXX
住宅ローンの借入	XXX
住宅ローンの返済	△XXX

会社のキャッシュフロー

純額表示可能

財務活動によるキャッシュフロー

短期借入金純増加額	XXX
長期借入による収入	XXX
長期借入の返済による支出	△XXX
社債の発行による収入	XXX
社債の償還による支出	△XXX
株式の発行による収入	XXX
配当金の支払い額	△XXX
自己株式の取得	△XXX
財務活動によるキャッシュフロー	XXX

た残りを配当金として株主に払うので、資金調達にかかわるお金の動き
と考えて財務活動によるキャッシュフローに計上します。

　株主の立場からすれば、財務活動によるキャッシュフローを見れば、
投資した結果どれほどの配当にありつけたのかということがわかるので
す。ただ、損益計算書上は利益が出て儲かったようにみえても、実際は
資金的には厳しいにもかかわらず配当をしているといったケースも見受
けられます。会社に入ってきたキャッシュフローに見合った配当を実施
しているかどうかは、営業活動によるキャッシュフローと支払い配当金
額とを対比してみるとわかります。中には、株主のために借り入れをし
てまで配当を支払って、それが経営の重石となってしまっている会社も
あるかもしれません。

　⑤の自己株式の取得による支出というのは、貸借対照表の純資産のと
ころで触れましたが、会社が株主から自分の会社の株を買い取る取引を

いいます。株主にお金を返すことになるので、キャッシュフローで考えると、会社のお金が減るためマイナスします。

　財務活動によるキャッシュフローを見る際は、フリーキャッシュフローと関連付けて見るとわかりやすいです。

　フリーキャッシュフローがプラスの会社であれば、余剰資金があるので、財務体質を改善するために、借入金を返済したり、株主還元のひとつとして自己株式の取得を行っているケースがあります。

　これに対して、フリーキャッシュフローがマイナスであれば、不足分の資金を借入金や社債の発行で調達しなければなりません。このような状態が継続すると財務体質が悪化をしていくことになりますので、財務活動によるキャッシュフローで営業活動を毎年まかなっているような会社であれば経営的に厳しいということを想定すべきです。ただし、企業の成長期などは積極的に投資を行っているケースもあり、結果としてフリーキャッシュフローがマイナスで、財務活動によるキャッシュフローに頼るという局面もありますので、ケースバイケースで考える必要はあります。

✔ ここだけチェック

自己株式の取得は財務活動のキャッシュフローに表示される

第 **5** 章

管理会計

▶ 管理会計の利用者は誰なのか、その目的は何なのか。未来志向である管理会計は、全てのビジネスパーソンにとってかかわりのあるテーマです。

▶ 管理会計において、決めなければならない「配賦」、「管理不能コスト」の扱いについて理解が深まれば、会社での計数管理の意図もわかるようになり、経営感覚がついてくるでしょう。

▶ 部門別・プロジェクト別決算、損益分岐点分析、正味現在価値法といったテーマについてわかりやすく解説し、実際に算出してみる作業により理解が深められます。

1 管理会計とは

◆ 管理会計は社内の広範囲で利用

第1章で触れましたが、会計には、大きく「財務会計」と「管理会計」の2種類があります。

財務会計は、法律や制度に則って作成がされるものですので、基本的にどの会社も同じルールに従う必要があります。

これに対して管理会計は、特段法規制等はないので、各社が自由に設計をすることができます。

管理会計は、誰のために何の目的で実施しているのかというと、まず情報の利用者は、外部の人ではなく、社内の内部関係者です。それも経理のメンバーだけが使うものではなく、経理部門以外にも営業、製造、企画部門等全ての部署が活用する対象といえます。

また、利用する職位に関しても経営に資するために利用されるという観点から、経営者層は当然利用する対象となりますが、部門の責任者クラスも利用範囲に入ってきます。

さらに、会社によってどこまで社内の数字を開示するのかということにもよりますが、スタッフ（一般社員）クラスであっても自分の所属する部署の数値であれば情報が開示され、それを意識して業務に取り組むということが一般的です。

次に、管理会計というのは何を目指しているのかですが、過去の実績をまとめることにとどまらず、将来の意思決定に役立てることを目指しています。

正しい意思決定が促されるように、会社の特徴を考慮して、各社が業績管理の方法を設計することになります。

後ほど損益分岐点分析のパートで詳しく解説しますが、利益が出るために必要な売上や販売単価を決めるために、コストを売上に連動して変動する変動費と、売上の増減に関係なくかかってくる固定費に区分する

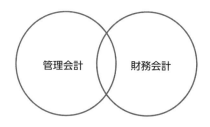

図表 5-1　管理会計と財務会計の比較

管理会計
利用者：内部経営管理者
目　的：意思決定に役立てる
視　点：未来

財務会計
利用者：外部利害関係者
目　的：利害関係者に情報を提供する
視　点：過去

手法をとるケースがあります。

　通常の財務会計では変動費と固定費に区分するという必要はないのですが、管理会計では変動費と固定費に分けることで、販売単価の設定や目標売上の設定に役立つために導入します。

　その他、小売りの店舗の運営を考えた場合、売上に関し、財務会計では会社の売上額のみを把握すれば決算数値を出すという点では充足しますが、管理会計の観点から考えると不十分です。小売業で管理会計を導入している会社の多くは、日販といって1日ごとの売上の数値を算出して目標と実績の比較をしたり、面積である1坪あたりの効率性を出すために、1坪当たりの売上という指標を計測したりします。

　また、コンサルティングを主たる事業としている会社などでは、売上から人件費のみを控除した利益の額で業績管理をしたり、1人当たり売上高を算出して各人の生産性の管理を行ったりしているケースもあります。

　このように、各社が業種の特徴などを勘案して、自由に管理会計を設

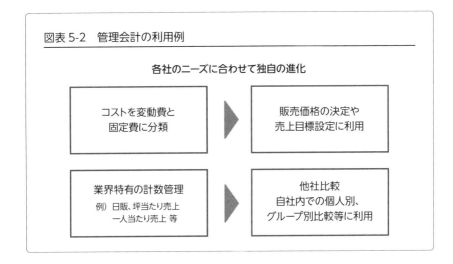

図表 5-2　管理会計の利用例

各社のニーズに合わせて独自の進化

| コストを変動費と固定費に分類 | ▶ | 販売価格の決定や売上目標設定に利用 |

| 業界特有の計数管理
例）日販、坪当たり売上
一人当たり売上 等 | ▶ | 他社比較
自社内での個人別、
グループ別比較等に利用 |

計するのです。

　そして、その結果算出された数値を見て、経営陣が迅速に意思決定を図ったり、社内の個人やグループ単位での比較や、同業他社比較による分析を行ったりします。

　さらに、時代とともに会社のおかれた環境や重視すべき指標としての「KPI」も変わってきますので、毎年管理会計の見直しを行うことも重要です。

♦ KPIの設定も合わせて実施

　KPIとは、Key Performance Indicator の略称で、重要業績評価指標などと訳されています。

　KPIは、組織が達成すべき目標を実現するために、重要視している指標のことであり、定期的にKPIとの乖離をチェックすることで達成状況を確認し、軌道修正をはかるために使われています。

　正しい仮説のもとにKPIを設定した場合、ゴールが明確になるとともに、チームが一丸となってゴールに向かう雰囲気が醸成されます。また、数値として可視化されたものが算出されるので、時系列で比較をしたり、競合他社と比較したりすることが可能となります。

図表 5-3　KPI 設定の目的

| ①目指すべきゴールの明確化 |
| 正しくKPIが設定されれば、KPI達成によって
ゴールに到達することが想定可能に |

| ②課題の抽出や比較が実行可能 |
| 定量化した数値として可視化がされ、
時系列の比較や競合他社分析が可能に |

| ③組織のベクトルを同じにすること |
| KPIの設定と結果の開示によって
チームをひとつの方向に向かわせることが可能に |

　先ほど例に出した1人当たり売上高に関連しますが、かつては労働時間の抑制というのは社会的な強い要請ではありませんでした。しかし、働き方改革関連法の施行に伴って、残業時間の抑制やワークライフバランスの充実というのは社会における重点テーマになってきています。

　そうすると、単純に1人当たり売上高で業績管理を行っていても、過重な労働の結果で数値が上がっているようでは、社会の要請を満たしているとは言えません。よって、1時間当たりの売上という新たな指標をKPIにするという動きも出てきます。

　時代とともに管理会計は自由に設計を変えることが出来る分、設計する側は社会の動きに素早く反応することも求められるのです。

✔ ここだけチェック

管理会計は、経営者以外に部門の責任者も活用する

2 部門別・プロジェクト別決算

♦ 管理会計の利益設定

　管理会計を実施していく際、決めていくべき事項のひとつに、「数値をどのように集計するのか」というテーマがあります。

　利益に関していえば、どのような方法で利益を出すのかも考えるべきことのひとつです。損益分岐点分析のパートで説明しますが、そこでは、「限界利益」という考え方が適用されます。限界利益のように学術的に一般化した利益の概念を適用するのもひとつですが、自社独自で管理会計用の利益のルールを作ることも可能です。

　例えば、飲食店を営んでいる会社であれば、食事と飲料別に売上と利益を算出するというのもひとつですし、コストの部分の多くを占める食材仕入、人件費、家賃だけにフォーカスし、それらを控除した利益額や利益率を業績評価とするというのもひとつの方法です。

　さらに、在庫を適正発注してロスをなくすようにする在庫管理自体は重要ですが、仕入れた食材の余った在庫を考慮して利益を出すという財務会計の方法をとらずに、実際に食材として未利用で在庫として残っていたとしても、仕入れた分は全て仕入れた時の原価として利益を算出する方法で、管理会計上の利益を算出するという考え方もあります。

　このように財務会計上の利益と違った利益を出すことで、在庫の数値をいじって利益調整をするということがなくなったり、仕入れた分を全てコストとして見ることでムダな仕入れがなくなり、結果としてロスをなくすように意識改革がされるということも期待できます。

♦ 管理単位を小さくする効果

　管理会計を設計する際に考慮すべき重要な要素のひとつに、管理単位というものがあります。

　皆さんの所属している会社には部門があるでしょうか。営業部、製造

図表 5-4 　管理会計の管理単位

単位の大きさ	特　徴	例　示
大	区分けが大きいので区分する手間は少ない	組織図上の最上位の組織単位
小	小単位での利益が明らかになるので責任が明確化する	最も小さな組織単位（1グループ数名程度）

部、企画部等々、会社によってさまざまではありますが、恐らく組織図に部門というものが記載されているのではないでしょうか。管理会計を実施する際に、数値を集計する単位をどのように決めるのかというのが管理単位設計のテーマです。

　会社の組織図の大きな部署単位で設計するケースもありますし、組織図の中でも最も小さな単位（チームやグループ等）で設計するケースもあります。

　管理単位を小さくすればするほど、責任の所在は明確になり、業績の状況も明らかになります。実務に導入して有名な方法としては、京セラを作り上げた稲盛和夫氏の「アメーバ経営」などはその典型的な例です。

　アメーバ経営の特徴として、次の3つがあります。

①小単位で利益の管理を行うこと
②算出された利益を労働時間で割って時間当たりの利益を算出すること
③タイムリーに係数を算出すること

　アメーバ経営には、働く社員1人ひとりがコスト意識や利益向上を意識し、経営に参画する仕掛けが組み込まれているのです。

　管理会計で設定する管理の単位は、小さくするほど事務負担は増えま

すが、小さな単位ごとの収益性が明確になるというメリットがあるのです。

♦ 共通費の配賦処理

　管理会計を実施するに際して、管理単位を決めることは必須ではありますが、実は管理単位を細分化することで実務を煩雑にすることがあります。それは、複数の管理単位にまたがるコスト等をどのように配分していくのかという問題です。

　複数の管理単位にまたがってかかるコストで、どこの単位がどれだけ使ったのかが明確でないコストのことを、共通費や間接経費といいます。

　これらのコストを各管理単位に配分するルールのことを「配賦基準」といって、その基準を使って管理単位に配分することを「配賦」といいます。

　例えば、家賃であれば、基本的に会社が家主と契約し、管理単位で契約する訳ではありません。そのため、会社が支払った家賃の総額を管理

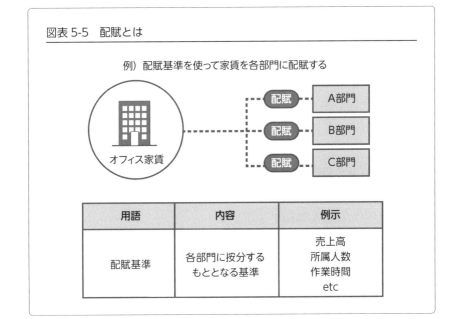

図表 5-5　配賦とは

例）配賦基準を使って家賃を各部門に配賦する

用語	内容	例示
配賦基準	各部門に按分するもととなる基準	売上高 所属人数 作業時間 etc

単位にどのように配分するのかを決めるととともに、配分した金額を会計帳簿に記録しなければなりません。

　家賃を管理単位に配分する方法としては、管理単位に属する人数や使用している面積で配分する方法などが採られます。この際に配分するために使われる人数や面積が配賦基準に該当します。

　それ以外のコストも共通費を管理単位に配賦するために、同様に配賦基準を決めていかなければなりません。

　配賦基準としては、一般的には売上高、所属人数、作業時間などがあります。

　かなり面倒くさそうに思えるかもしれませんが、各管理単位の業務の実績を把握するためには、このような作業が必要になるのです。

♦ 管理不能コストを配賦しないという選択

　ただ、配賦計算を行うことによって、あまりに管理が細かくなりすぎ、管理のための事務コストがかかりすぎる場合は、一定の割り切りをすることも必要です。具体的には、管理単位で管理可能なコストは配分の対象としますが、管理不能なコストは配分の対象としないという割り切りです。

　管理不能コストとはどのようなものを指すかですが、本社経費などが代表的な例としてあります。

　工場や店舗が複数個所に点在している会社の場合に、各部門に本社経費を配賦するという考えもありますが、各工場や店舗にとって本社経費は、自分たちの努力で削減できるものではありません。つまり、自分たちでコントロールすることができないコストですので、管理不能コストといえます。

　管理不能なコストを配分されたとして、その配分後の利益をもとに、あなたがその部署の責任者として部署の業績を評価されたらどのように感じるでしょうか。恐らく管理不能なコストに関しては、そもそも本社が決めたことなので自分にはどうすることもできず、それをもとに評価されるのではモチベーションが下がるのはないでしょうか。

図表 5-6　管理不能コストの扱い

単位：百万円

	A店舗	B店舗	C店舗	店舗共通	本社	合計
売上高	700,000	200,000	100,000			
店舗直接コスト	△250,000	△100,000	△40,000			
配賦前損益	450,000	100,000	60,000			
共通費配賦	△140,000	△40,000	△20,000	△200,000		
共通費配賦後損益	310,000	60,000	40,000			
管理不能コスト控除前損益	310,000	60,000	40,000		△150,000	260,000

配賦

同額　同額　同額

管理不能コストは配賦しない

会社全体利益

配賦基準　売上高

各店舗は本社経費（管理不能コスト）控除前の利益で評価

　ですから、全てのコストを何らかの方法で各管理単位に配分するのではなく、管理不能コストは本部等の負担として、管理可能なコストを各管理単位に配分し、その結果として算出される管理可能な利益で各管理単位の責任者に利益管理を行ってもらうのです。

　設例のケースでは、店舗共通コストである２億円は売上高を配賦基準としてA、B、Cのそれぞれの店舗に配賦されますが、本社経費は管理不能コストとして配賦をしていません。その結果、各店舗の店長は管理不能コストを控除する前の利益で評価等をされますので、算出される利益に対して、適切な責任を持つことができるのです。

　管理会計が機能するようになってくると、算出された利益を業績評価に活用し、賞与等のインセンティブを一定のルールに基づいて管理単位に配分をするようになります。利益を出して、その結果給与面での反映が適切になされるようになると働く方のモチベーションアップにもつながるので、どのように管理会計の管理単位を決定していくかは重要なテーマです。

♦ プロジェクト別に損益を計測する

管理単位に関して、プロジェクト単位で集計するという考え方があります。

最近では、会社の組織は開発、製造、販売、管理といった機能別になってはいるものの、業務遂行にあたってはひとつのプロジェクトを複数の機能的な組織で実施するケースがあります。また、同じ部門で提供する商品やサービスでも、商品やサービスごとに利益を把握したいというニーズも出てきています。

そのような場合に、使われるのがプロジェクト会計です。

プロジェクト会計とは、プロジェクトごとの原価を集計して、各プロジェクトの利益を算出する管理会計の手法です。

プロジェクトごとの利益を管理することで、プロジェクトの成果を計測したり、プロジェクトの中止といった経営判断ができたりするようになるのです。部門別会計しか行っていない場合は、部門の利益の中に案件ごとの損益が混ざってしまい、正しい経営判断ができない懸念がありますが、プロジェクト会計を実施することで案件ごとの損益の状態が明確になり、適正な経営判断が可能となるのです。

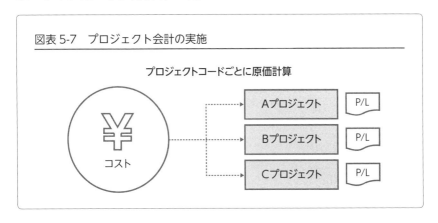

図表 5-7　プロジェクト会計の実施

プロジェクトコードごとに原価計算

コスト → Aプロジェクト　P/L
　　　　→ Bプロジェクト　P/L
　　　　→ Cプロジェクト　P/L

✔ ここだけチェック

管理不能コストは配賦しない方が、責任が明確化される

③ 月次決算

♦ 早めの意思決定のためにタイムリーに締める

　管理会計の目的のひとつは、適切な意思決定を下すことにあります。今のように変化の激しい時代において、スピーディーに意思決定を下すことは経営を左右する重要事項です。

　そのため、管理会計の側面において、数値の結果をスピーディーに出すことが求められています。

　一般的には、管理会計の実績は月次決算という作業を通じて報告がなされます。

　月次決算という言葉の通り、月次単位で数値を測定していきますが、その締め切りをいつまでに行うのかがキーとなります。

　月次決算は、売上の報告はもちろんですが、利益の算出までを通常含みますし、会社によっては、将来の見込みの売上やコストも織り込んで、年度末の業績予測まで行います。

　このような月次決算をいつまでに行うのかですが、非常に早く仕上がる会社は、締める対象月の翌月初１、２営業日に完了をさせます。

　外資系企業などは世界各地にある現地法人から本社にレポートをさせますが、日本の祝日など考えずに、月初２日目などをレポートの提出期限に設定しているケースもあります。そのため、日本のお正月やゴールデンウィークのように月初に祝日がある場合でも締め切りに特別扱いはされませんので、営業の方であれば、早めに売上の報告や年間の見込みを行わなければなりませんし、経費の報告がある部署も月初早々に報告をする必要があります。

　このように迅速に月次の決算を終わらせることで、業績の状況をタイムリーに把握して、その上で、打つべき施策を打っていくのです。

♦ 早期に締めるためのテクニック

　月次決算を早期化することは会社の課題のひとつですが、具体的には次のような施策をとっています。

①一部について会計のルールを厳密に適用しない

　現金主義で会計をいったん締めてしまう方法が挙げられます。厳密に会計ルールを適用すると現金が出た時に費用を認識するのではなく、そのサービスを受けた段階で経費を認識します。

　例えば、会食を設定して、ツケで飲んだ場合を考えてください。発生主義という会計の本来のルールでは、ツケなのでお金は後で払うことになりますが、会食をした日が費用（ここでは飲食費）を計上する日付になります。

　月次決算を早期に締めるためにはこのようなツケで行われた少額の費用については、厳密に発生主義のルールに基づいて取引が行われた日に費用計上せずに、現金で後日支払いが行われた日付で費用計上するようにするのです。

　もちろん、全ての取引について発生主義を適用せずに現金主義で処理してしまっては、正しい期間損益は計算されませんので、金額の基準等で一定の制限を設けることは必要です。

②仕入れの請求書を月末日に入手する

　少額のものであれば上記のように現金主義で行うことも可能ですが、金額の大きな費用については、本来の会計のルールに則って役務の提供を受けた月の費用にするべきです。

　通常の費用は、役務提供を受けた翌月末などに送付された請求書に基づいて支払っているケースが多いでしょうから、この請求書を当月末の当日や遅くとも翌月初早々に送付してもらうことで、仕入れなどの費用の金額を確定させるようにするのです。

　送付してもらう請求書も最近では郵便で受け取ることなく、電子データとして受け取ることで、郵送の時間を削減することが可能となってき

図表 5-8　月次決算早期化３つのポイント

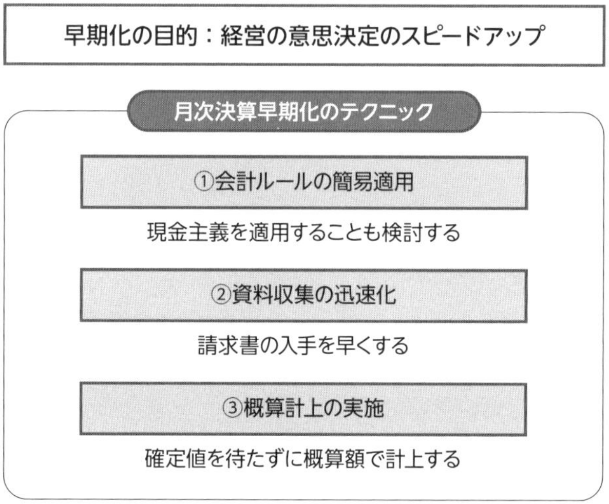

```
┌────────────────────────────────────────────┐
│  早期化の目的：経営の意思決定のスピードアップ  │
└────────────────────────────────────────────┘

        ╭──────────────────────────╮
        │  月次決算早期化のテクニック  │
        ╰──────────────────────────╯

      ┌────────────────────────────────┐
      │    ①会計ルールの簡易適用         │
      └────────────────────────────────┘
        現金主義を適用することも検討する

      ┌────────────────────────────────┐
      │    ②資料収集の迅速化            │
      └────────────────────────────────┘
        請求書の入手を早くする

      ┌────────────────────────────────┐
      │    ③概算計上の実施             │
      └────────────────────────────────┘
        確定値を待たずに概算額で計上する
```

ています。

③概算額で計上を行う

　月初１、２営業日に売上や仕入れを確定させるために努力はしているものの、それでも確定値を算出するのに一定期間の日数を要することもあります。そのような場合には、確定値を算出する前に概算値で月次決算を締めてしまいます。

　概算値で算出するので、数値は完全に正しいものではないかもしれませんが、確定値を算出するために月次決算が締まるのを待つよりも、概算値であっても早めに月次決算を締めることを優先しているのです。

　上記のように会計上の手続きの合理化をはかることが、月次決算を早期化するための手法としてあげられますが、IT が進化している昨今においては、手作業をなくすことやシステムをうまく活用して二度手間をなくすといったシステムの側面からの早期化も避けては通れません。

　そのため、情報システム系の部署との連携も重要なテーマになってきます。

実は、会計をより突き詰めている会社では、月次決算では1カ月後でないと状況が把握できないということで、日次単位で決算を実施している会社もあります。

あるいは、売上の報告を日次で共有することで収益を確定させますが、コストについては見込みを使いながら利益を把握していく仕組みを構築している会社もあります。

管理単位を小さくして、報告のタイミングを日次で行うことができれば、どこの部署に課題があるのかといったことは、つまびらかにわかるようになりますね。

✔ ここだけチェック

月次決算の早期化は、経営の意思決定のスピードアップに欠かせない

4 損益分岐点分析

♦ 費用を変動費と固定費に区分

会社の儲けは、損益計算書を見れば確認することはできますね。

ただ、目標の利益をあげるために、売上をいくらにしたら良いのかという問いには、損益計算書だけでは答えは出てきません。

損益計算書には売上と、かかった費用である原価や販売費及び一般管理費などの金額や構成比は情報として開示されますが、売上が増えた場合に費用がどの程度増えて、その結果利益がいくら増えるのかといったことが明らかにされないからです。

そのような、一定の利益を出すために必要な売上高を求めたり、損益がプラスマイナスゼロになる売上はいくらなのかという疑問に答えてくれるのが、「損益分岐点分析」です。収益や費用の変動とそれに伴う利益の変動を見るので、「CVP分析」と呼ぶこともあります。CVP分析のCは、Cost（費用）、Vは、Volume（操業度、売上高）、Pは、Profit

（利益）を意味します。

　この分析で得られた、損益がプラスマイナスゼロになって、収益と費用が一致する売上のことを、「損益分岐点売上高」といいます。実際の売上が、損益分岐点売上高を上回れば、利益が生じますが、下回った場合は、利益ではなく損失となります。

　損益分岐点分析をする場合に、費用を「変動費」と「固定費」に区分するということが必要になります。

　変動費というのは、売上の増減に比例して増減する費用をいい、固定費は、売上に関係なく一定額が発生するものをいいます。

　損益計算書では、費用は売上原価、販売費及び一般管理費、営業外費用といった区分はされていても、変動費と固定費という区分になっていませんから、会社の費用を変動費なのか固定費なのかに区分する必要があります。

　売上原価の一部である商品仕入れや製造のための材料費といった費用は、売上の増加に比例して増加しますので変動費にあたります。そのほか、販売費及び一般管理費に含まれる、販売手数料や出来高払いの給料なども、売上があれば発生しますが売上がなければ発生しないという観点から変動費に該当します。

　一方、家賃や役員報酬・管理系部門の人件費、保険料などは売上が上がっても上がらなくても発生しますので、固定費に該当します。

♦ 損益分岐点売上高の算出方法

　費用を変動費と固定費に区分したところで、売上と費用が一致する損益分岐点売上高を算出してみましょう。

　費用を変動費と固定費に区分した上で、損益がプラスマイナスゼロとなる場合は次の式が成り立ちます。

売上高－費用＝０
売上高－変動費－固定費＝０

売上高－変動費＝固定費

$$売上高 \left(1 - \frac{変動費}{売上高}\right) = 固定費$$

分解していくと次の算式が成立します。

$$売上高 = \frac{固定費}{1 - \dfrac{変動費}{売上高}}$$

上記の算式で売上に占める変動費の割合 $\left(\dfrac{変動費}{売上高}\right)$ を、「変動費率」といいます。

そのため、損益分岐点売上高は、変動費率がわかっていれば、固定費を（１－変動費率）で割れば算出できます。

また、売上高から変動費を差し引いた利益が限界利益であり、計算式で表すと次の通りです。

売上高－変動費＝限界利益

【設例】

それでは、前述の算式を使って損益分岐点売上高を求めてみましょう。

固定費が年間３億円かかっている会社があり、変動費率 $\left(\dfrac{変動費}{売上高}\right)$

が40％だったとした場合の損益分岐点売上高はいくらになるでしょう。

$\dfrac{固定費}{1 - \dfrac{変動費}{売上高}}$ の算式にあてはめると、

$$\frac{3億円}{1-0.4}$$ となり、5億円となります。

　念のため検算をしてみましょう。

　5億円の売上があがったときの費用がいくらになるかですが、変動費率が40%なので変動費は5億円×40%で2億円となり、固定費は3億円なので合計5億円です。

　売上高と費用の合計が一致しますので、損益はプラスマイナスゼロになっていますね。

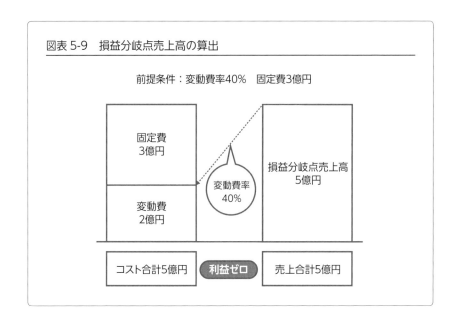

図表 5-9　損益分岐点売上高の算出

前提条件：変動費率40%　固定費3億円

固定費
3億円

変動費
2億円

変動費率
40%

損益分岐点売上高
5億円

コスト合計5億円　利益ゼロ　売上合計5億円

♦ 安全余裕率も確認しておく

　損益分岐点分析の中には、「安全余裕率」という指標もあります。これは、現状の売上高がどの程度損益分岐点売上高を上回っているのかを見るものです。

　安全余裕率は次の算式で求められます。

$$\text{安全余裕率（％）} = \frac{\text{売上高} - \text{損益分岐点売上高}}{\text{売上高}} \times 100$$

安全余裕率がプラスになっていれば、ある程度会社に体力があるということになります。一般的には、安全余裕率は30％以上であることが望ましいといわれています。

【設例】

先ほどの設例の会社の実際の売上高が6億円だった場合、安全余裕率は何パーセントでしょうか。

算式にあてはめると次のようになります。

$$\text{安全余裕率（％）} = \frac{6\,\text{億円} - 5\,\text{億円}}{6\,\text{億円}} \times 100$$

$$= 16.66\%$$

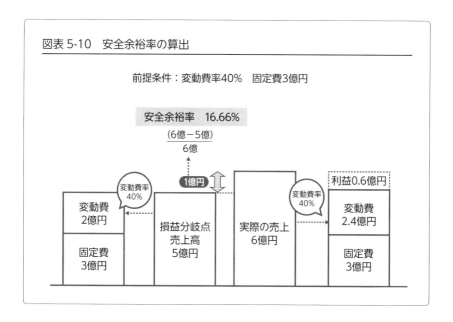

図表 5-10　安全余裕率の算出

前提条件：変動費率40％　固定費3億円

安全余裕率　16.66％

(6億－5億) / 6億

1億円

変動費率40％

変動費 2億円

固定費 3億円

損益分岐点売上高 5億円

実際の売上 6億円

変動費率40％

利益0.6億円

変動費 2.4億円

固定費 3億円

図表 5-11　損益分岐点売上高

計算式

$$損益分岐点売上高 = \frac{固定費}{1 - \dfrac{変動費}{売上高}} = \frac{固定費}{1 - 変動比率}$$

次の算式を分解すると上記の算式になる

$$0 = 損益分岐点売上高 - (変動費 + 固定費)$$

計算方法

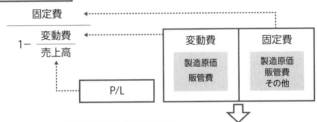

$$\frac{固定費}{1 - \dfrac{変動費}{売上高}}$$

P/L

変動費	固定費
製造原価 販管費	製造原価 販管費 その他

費用を固定費と変動費に分類

変動費	
製造原価	
原材料費	電力費の変動分
包装材料費	燃料費の変動分
買入部品費	仕入運賃
	外注加工費
販売管理費	
荷造運賃	販売手数料

固定費			
製造原価			
賃金	消耗品費	旅費交通費	修繕費
退職給付費用	電力費の 固定料金分	通信費	租税公課
賞与	燃料費の 固定料金分	交際費	減価償却費
福利厚生費	研究開発費	保険料	雑費
販売管理費			
役員報酬	福利厚生費	旅費交通費	租税公課
給料手当	広告宣伝費	通信費	減価償却費
退職給付費用	消耗品費	交際費	寄付金
賞与	水道光熱費	保険料	雑費
その他			
支払利息			

損益分岐点売上高（つづき）

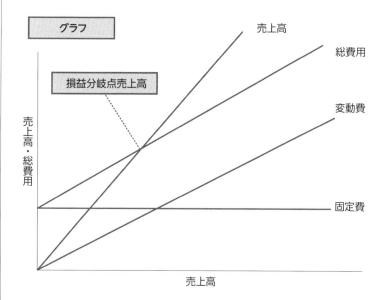

算式の意味

・変動費と固定費を回収することができる売上高を損益分岐点売上高という。
・ここでは、費用を変動費と固定費とに分解する必要があるが、
　　変動費　…　売上高の増減に比例して増減する費用
　　固定費　…　売上高に関係なく一定金額発生する費用
　という意味合いで分けられる。
・この算式を応用して目標利益を出すための必要売上高の算出等ができる。

算式の判断基準

売上高が損益分岐点売上高を超えていないと利益はでないことになる。
損益分岐点を上まわるためには、固定費の削減、変動比率の減少などの方法が考えられる。

✔ ここだけチェック

損益分岐点売上高を算出するために費用を変動費と固定費に区分する

5　投資の経済計算

♦ 投資の有効性の判断基準

　将来の投資の妥当性を評価する際に使われる計算を、「投資の経済計算」といいます。

　投資を伴う場合、通常は複数年にわたってその投資を回収することになりますが、将来の利益計画をもとに投資を行うべきかを判断します。この際にポイントとなってくるのが、利益ではなくキャッシュの動きを考えるということと、将来の収支を考える時に使う「現在価値」です。

　それでは、次のケースで考えてみましょう。

　会社で検討をしているプロジェクトXの5カ年の利益計画は以下の通りであったとします。なお、この設例では後に説明する現在価値の分も含めて法人税の分については考慮から外しております。

　投資の金額は250百万円で、0年目に投資をする計画です。また、設備投資した固定資産は5年の耐用年数で、5年間で償却をする方針です。

　このプロジェクトXについて投資する価値があるかどうかを考えるにあたって、まず押さえておかなければいけないのは、先ほどポイントとしてあげた利益を見るのではなくキャッシュを見るということです。

　差引の利益が出ているから儲かっていると考えるのではなく、入ってくるキャッシュが投資金額を上回るかどうかを見て判断をしなければならないのです。

　減価償却費はあくまでも机上のコストであって、キャッシュアウト（資金が流出すること）自体はしません。そのため、キャッシュの収支を見る際は減価償却前の利益を見ます。

　このケースでは投資額250百万円に対して、キャッシュの収支はプラス270百万円となっています。そのため、投資資金を回収できているので投資する価値はあると考えることができます。

図表5-12　プロジェクトXの利益5カ年計画

（単位：百万円）

	0年目	1年目	2年目	3年目	4年目	5年目	合 計	
売上		300	300	250	220	200	1,270	
経費		200	200	200	200	200	1,000	
償却前利益		100	100	50	20	0	270	← 投資額 250
減価償却費		50	50	50	50	50	250	
差引利益		50	50	0	-30	-50	20	

図表5-13　投資のキャッシュフロー

（単位：百万円）

	0年目	1年目	2年目	3年目	4年目	5年目	合 計
投資額	△ 250						△ 250
収支		100	100	50	20	0	270
純キャッシュ収支	△ 250	100	100	50	20	0	20

◆ 時間価値を考慮する意義

　ただ、250百万円の投資に対して270百万円のキャッシュが入ってくることで、20百万円の儲けがあるから問題なしと言えるかというと、話はそこまで単純ではありません。

　ひとつ考えてみてください。ある金融機関が、年率金利2％で安全に運用できる投資商品を、今だけ売っているとします。このとき、知人から今すぐ100万円もらえる権利と、1年後に103万円もらえる権利のどちらか選べと言われたらどうでしょうか。今手許に100万円をもらっても2％で運用したら、1年後は102万円にしかなっていません。

　ですから、1年後に103万円もらった方が得と考えることができます。逆に考えると1年後の102万円は現在の100万円と等価になるといえます。

　それでは、1年後の100万円は現在の価値ではいくらになるでしょうか。

　100万円を年2％で割り引いて考えますが、計算式にすると

　100万円 ÷ 1.02 = 980,392円となります。

図表5-14　今すぐの100万円と1年後の103万円はどちらが得か？

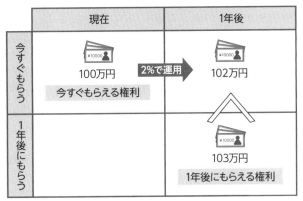

	現在	1年後
今すぐもらう	100万円 今すぐもらえる権利	2%で運用 → 102万円
1年後にもらう		103万円 1年後にもらえる権利

1年後に103万円もらう方が得！

同じ考え方で2年後の100万円の現在の価値はどうなるかというと 100万円 ÷ 1.02^2 = 961,168円となります。

このように将来の価値を現在の価値に置き換えたものを、「現在価値」といい、長期の投資を考える際には、現在価値まで考慮して妥当性を評価する必要があるのです。

現在価値を算定する際に、最低限期待する利回りで割引計算をすることになりますが、その際に使う利回りのことを「資本コスト」といいます。

資本コストを考えるにあたっては、債権者の視点と株主の視点の両面で考える必要があり、前者は借入の利息支払い、後者は配当の支払や株価上昇の期待です。

資本コストの代表的なものとして借入にかかるコストと、株式による調達にかかるコストを加重平均した、「加重平均資本コスト（WACC）」というものがあります。

そして、設備投資の経済計算のひとつに、「正味現在価値（Net Present Value：NPV）」を使った、「正味現在価値法（NPV法）」があります。

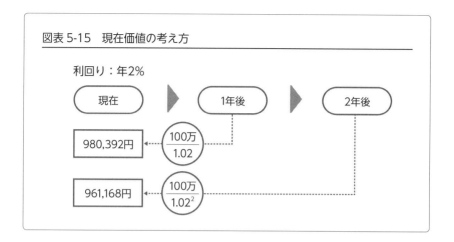

図表 5-15　現在価値の考え方

利回り：年2%

現在　▶　1年後　▶　2年後

980,392円 ◀ $\dfrac{100万}{1.02}$

961,168円 ◀ $\dfrac{100万}{1.02^2}$

　これは、将来のキャッシュフローを現在価値に割り引いて合計した金額から投資額を差し引いた正味現在価値が、プラスであれば投資資金の回収ができるとして投資を行い、マイナスであれば投資を行わないと判断する方法です。

　では、先ほどの設例を使って、プロジェクトＸの正味現在価値を算定してみましょう。

　ここでは、資本コストを5％として計算します。

　0年目に行った250百万円の投資は、現在の価値そのものですから、割り引かれずにキャッシュとしてはマイナス250百万円になっています。

　1年目以降のキャッシュの収支を現在価値に割り引く部分ですが、1年目はネットキャッシュとして100百万円のプラス収支です。

　資本コスト5％で割引くにあたっては、次の計算式となります。

　100百万円 ÷ 1.05 ≒ 95百万円

　同様に2年目は100百万円 ÷ 1.05^2 ≒ 90百万円

　3年目は50百万円 ÷ 1.05^3 ≒ 43百万円

　4年目は20百万円 ÷ 1.05^4 ≒ 16百万円

　5年目は0百万円 ÷ 1.05^5 ≒ 0百万円

となります。その結果の現在価値の合計は246百万円です。

図表 5-16　正味現在価値の計算
　　　　　　資本コスト 5%

（単位：百万円）

	0年目	1年目	2年目	3年目	4年目	5年目	合　計
投資額	△ 250						△ 250
収支		100	100	50	20	0	270
ネットキャッシュ収支	△ 250	100	100	50	20	0	20
現在価値係数	1	0.952381	0.907029	0.863838	0.822702	0.783526	
投資の現在価値	△ 250						△ 250
収支の現在価値		95.2381	90.70295	43.19188	16.45405	0	246
正味現在価値の計算	△ 250	95.2381	90.70295	43.19188	16.45405	0	△ 4

　当初の投資額マイナス 250 百万円と、現在価値合計の 246 百万円を合算したものが正味現在価値となりますが、このケースではマイナス 4 百万円となります。

　現在価値を考慮しない場合は、投資を行った場合 20 百万円のリターンがあるという結果でしたが、正味現在価値法で考えた結果は 4 百万円のマイナスとなるということで、結果は逆になりました。

　このように設備投資の経済計算をする際は、キャッシュベースで考えることと、現在価値に割り戻して考えるということのいずれで算定を行うかが重要です。

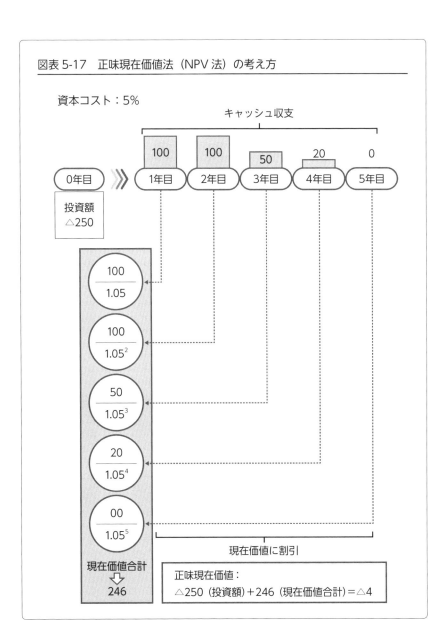

図表 5-17　正味現在価値法（NPV法）の考え方

資本コスト：5%

キャッシュ収支

| 0年目 | 1年目 | 2年目 | 3年目 | 4年目 | 5年目 |

100　100　50　20　0

投資額
△250

$\dfrac{100}{1.05}$

$\dfrac{100}{1.05^2}$

$\dfrac{50}{1.05^3}$

$\dfrac{20}{1.05^4}$

$\dfrac{00}{1.05^5}$

現在価値に割引

現在価値合計
⇩
246

正味現在価値：
△250（投資額）＋246（現在価値合計）＝△4

✔ ここだけチェック

投資判断をする場合は、時間価値を考える

第 **6** 章

予算管理

- ▶ 予算はどの会社でも策定しているものではないでしょうか、予算策定への理解はビジネスパーソンには必須でしょう。

- ▶ 予算の策定方法と活用方法のエッセンスをわかりやすく解説していますので、自社の予算の策定や活用に役立ててください。

- ▶ 予算策定の演習問題を盛り込みましたので、実際に手を動かして予算の策定作業をしてみることで理解が深まります。

1 予算策定の目的

◆ 経理部門以外でも頻発する"予算"

　会計のことは、あまり業務に関係ないと思っている方でも"予算"については、日常的に意識せざるを得ない人は多いでしょう。

　「来期の予算を立てるので数値を積み上げて欲しい」

　「予算と実績に乖離があるけど原因は何だろうか？」

　といったように、"予算"という用語は経理部門以外でもかなり飛び交っていることと思います。

　少し話は変わりますが、最近ではビジネス用語として定着したと思われるものに、「PDCA」という用語がありますね。

　PDCAは、PはPlan（計画）、DはDo（実行）、CはCheck（確認）、AはAction（改善）を示し、これら4つのプロセスを循環させることで、継続的に改善活動が行われることを指します。

　予算もPDCAのサイクルに組み込まれるもので、予算の策定がPに該当します。策定した予算を実行（D）し、その後実績との乖離を確認（C）し、その上で改善（A）できるものがないかどうかを検討します。

　予算は、会社経営上は目標として設定しますが、上場企業では、中期経営計画と称して投資家に3カ年計画を明示して、それをクリアすることを投資家に対して表明したりします。

　上場をしていない会社であっても、来期1年の予算を策定して、会社の経営計画発表会等で共有して、全社で目標達成に向けて行動している会社も多いです。

◆ 予算策定の要諦

　予算は、策定するだけでは意味がなく、それをPDCAのサイクルに乗せることが重要です。そのためにも、予算を策定する立場になった場合は、次のような点に留意をすることが肝要です。

①会社の理念やビジョンと関連性がある

　経営理念、ミッション、ビジョン、クレドなど会社によって設定の仕方は様々ですが、会社が目指すべき方向やなりたい姿などを言葉にしている会社は多いです。

　全社レベルで、理念などがどこまで浸透しているかという課題もありますが、理念などは会社の基本となる原理原則で、会社が進むべき時に判断基準となる道しるべです。

　策定される予算は数字なので、「理念などと関係がないのでは」と思うかもしれませんが、会社の進むべき方向があってこそ、数値が積みあがるものです。そのため、理念と全く整合しないような予算が策定されていては、全社一丸となって予算達成に動くというサイクルになりにくくなります。

　逆に言えば、通常は経営理念をはじめとする会社のあるべき姿に基づいて予算が設定されていますので、その関連性を是非とも意識してください。

②予算の設定内容と実際の行動計画が結びついている

　予算を策定したけど、そのための手段が全く考えられていないということになってしまうと、絵にかいた餅になりかねません。

　予算を達成するには、そのための行動計画が必要です。仮説を立ててそれを実行することで、計画が実現できるのです。そのため、予算の策定にかかわることになった場合は、単純に数字いじりをして予算値を設定するのではなく、達成するためのアクションプランを同時に考えるクセをつけましょう。

③評価制度と予算達成とのひも付きがあり、モチベーションアップにつながる

　予算を達成したけど、何も報奨がなければ予算達成の意欲が現場に起きず、予算策定の意義が半減してしまいます。

　数値で全ての評価が決まってしまうというのは、社内をギスギスさせ

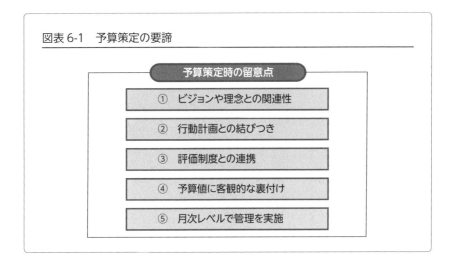

図表 6-1　予算策定の要諦

予算策定時の留意点

① ビジョンや理念との関連性

② 行動計画との結びつき

③ 評価制度との連携

④ 予算値に客観的な裏付け

⑤ 月次レベルで管理を実施

る要因になるのでおススメはできませんが、予算の達成状況が評価に反映されるようになると、働いている人のモチベーションアップにつながり、予算達成への意欲が高まるケースは多いです。

　ただし、甘すぎる予算設定をして、達成したら評価があがるというのは問題なので、予算策定額の妥当性をチェックすることも重要です。

　適正な予算金額を設定した上で、予算達成の報奨を決めておくことも予算制度の重要な要素のひとつです。

④予算の数値は客観的な根拠資料と整合する

　予算を策定するときに何の根拠もなく数値を決めてしまうと、関係者の理解を得られませんし、達成することを真剣に考えなくなるかもしれません。

　例えば前年の数値を考慮して予算を作成したり、現在の受注状況を勘案して数値を出したりなど、何らかの根拠資料と予算の数値が整合していることが重要です。

　もちろん、あまりに根拠資料に固執してしまっては保守的な予算になってしまい、大きなジャンプアップが見込めなくなりますので、一定の部分を付加することも必要です。

ただ、その場合でも少なくともアクションプランを設定する等、予算達成の対策を準備することは言うまでもありません。

⑤月次レベルで検証作業を入れて適切に管理が行われること

　せっかく策定された予算も使われなければ意味がありません。基本的には毎月の月次決算を活用して、月次レベルで予算と実績を比較していくことが必要です。予算と実績の比較表等を関係部署に共有して次の手を打っていくことが予算策定の目的のひとつですので、それらの比較表等をタイムリーに作成して共有していくことが重要です。

　予算実績比較表を作るのに時間がかかって、打つべき手を打つのが遅れては本末転倒です。

> **✔ ここだけチェック**
>
> 予算を策定して、PDCA サイクルに乗せる

2　予算の策定方法

◆ 社外公表予算と社内公表予算

　予算の策定をする前に、会社として予算の金額をふたつ持っているかどうかを確認する必要があります。

　ふたつというのは、社外向けの予算と社内向けの予算の2種類です。

　全ての会社がふたつの予算値を持っているわけではありませんが、上場会社のように投資家など外部に数値を公表している会社は、2種類の予算を持っているケースが多いです。

　ひとつ目の社外向け予算というのは、株主等の投資家に対して約束をした数値で、達成することが必須の数値です。予算を達成できなければ、株価が下がって時価総額が減少するということになりかねません。そのため、必達するように月次で数字を追いかけていくことになります。

図表 6-2　社外公表予算と社内公表予算

種　類	特　徴	達成難易度
社外公表予算	外部への約束 必達すべき予算	普通
社内公表予算	多少の無理が含まれる 達成したい願望	高い

　もうひとつの予算は社内向けに設定している予算で、ここまで達成したらうれしいという多少無理な面も含んでいる予算です。もちろん全く達成不可能な予算値を設定するケースはありませんが、社外に約束をしているものではないで、社外向けよりもやや高い数値を設定します。

　つまり、前者の社外向け予算は必ず達成しなければならない予算で、後者の社内向け予算はこうなったらいいなという、多少願望も含めた達成する難易度が高い予算といえます。

　ただ、このようなふたつの予算を、全ての会社が作成しているわけではありません。特に上場していない会社であれば予算値をひとつしか設定していないケースの方が多いです。実務上も予算をふたつ持つと管理が二重になり、煩雑になりますし、適正な予算値を策定しているのであればひとつの予算であっても十分に機能します。

◆ 上意下達か下意上達か

　次に予算の策定の方法について見ていきましょう。まず作成の起点が誰かという視点で考えます。

　ひとつは、経営陣から下ろしていく上意下達のトップダウン型です。この場合は、経営陣の方で予算的にありたい姿をまず決めます。具体的には、「売上をいくらにしたい」、「その結果利益をいくら確保したい」

というように経営陣からお達しのような形で決めていく方法です。

もうひとつは、下意上達のボトムアップ型です。こちらの方は、現場の方から達成しようと考えている売上や利益の数値を、経営陣に提示していくやり方です。

それぞれ長短があります。

まず、トップダウン型の場合は、経営陣が考えている理想の形を数字で表したものとして提示されるので、会社の進むべき方向性と合致することになります。そのため、中・長期経営計画とも整合が取れ、全社一丸となって目標に向かう体制が構築しやすいです。

ただ、デメリットとして現場の状況を考えずに数字ありきで設定された場合、現実的でない予算が設定されることとなり、現場のモチベーションが下がる懸念があります。「そもそもこんな予算が間違っている」などとネガティブな気持ちで予算と対峙することとなり、達成するという意志が弱まりやすいからです。

対してボトムアップ型の場合、現場で予算を作成するので自分たちが設定した予算に対して責任感が強くなり、社員たちが他人事ではなく自分事として予算に対して接するようになることが大きなメリットです。

ただ、ボトムアップ型の場合のデメリットとして、現場が考えるので、あまりチャレンジングな予算を設定することがなく、少し頑張れば達成できる程度の保守的な数字を設定してしまいがちです。こうなると、各現場から出てきた予算の数値を合計した全社の予算が、かなり成長性の低い予算となり、客観的に見た場合、魅力的な数値に映らなくなってしまいます。そのため、結果として中期経営計画と整合しない予算値となる可能性があるのです。

どちらも一長一短ありますが、実務的には、トップダウン的な要素とボトムアップ的な要素を組み合わせて予算の策定が行われるケースが多いです。

具体的には、まずは経営陣から中期経営計画等、将来的な会社の理想の姿から来期の全社の予算を逆算して、各部門におおよその数値を割り当てていきます。

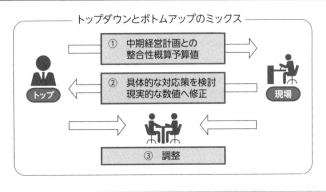

図表6-3　トップダウン型とボトムアップ型

種類	起点	メリット	デメリット
トップダウン型 （上意下達）	経営陣	会社の方向性と一致	現実的でない予算となり、現場のモチベーションが下がる可能性
ボトムアップ型 （下意上達）	現場	現場の責任感が強くなる	保守的な予算となる可能性

トップダウンとボトムアップのミックス

トップ

① 中期経営計画との整合性概算予算値

② 具体的な対応策を検討現実的な数値へ修正

現場

③ 調整

　その上で、各部門において提示された予算値をもとに、現実的な数値であるか、手段を講ずれば予算を達成できるかを検討します。検討した結果を経営陣とすり合わせ、当初の提示された数値のまま最終予算値にするケースもあれば、予算の数値を少し下げて最終版とすることもひとつの選択肢とします。

　各部門と経営陣とで調整された合計の全社予算が、中期経営計画等と整合しているようであれば、それを予算値として確定させます。

　何度か経営陣と現場とで意見交換を進めて最終値となるように調整をしていきますので、経営陣、現場ともに一定の納得ある数字に落ち着き、現場に予算達成への責任感が芽生えるようになります。

　このように予算の設定主体を経営陣と現場の両方にすることで、トップダウン型とボトムアップ型のメリットを享受して、デメリットをなくすようにしている会社が多いです。

♦ 予算値の設定方法

　実際に数値を作成していくプロセスですが、圧倒的に多いのは前年の実績をもとにして、それとの比較で数値を設定する方法です。

　国の予算も同様の方法で行っているケースが多いですが、簡単に言うと「前年の○○パーセントアップ」や「前年の○○パーセントダウン」とする方法です。

　売上で言えば前期1億円の売上を上げている会社が8％アップの売上を目指そうということであれば、1億円×108％で1億8百万円を売上とするというやり方です。

　今期の数字に、単純に増加率をかけて算出してしまえば作業としては楽ですが、達成への根拠がないので、当然これだけで終わりという訳ではありません。

　売上を例にとると一般的に2通りの方法で、その根拠を作りながら数値を確定させていきます。

　ひとつは、「単価×人数」というように、掛け算を使って金額を算出していくパターンです。

　レストランを例に考えると、売上というのは、平均客単価と来客数の組み合わせで金額が決まっています。

　仮にディナーしか提供していないお店であれば、売上を8％上げるには平均客単価と来客数をそれぞれ何パーセント増減させれば良いのかという仮説を考えることになります。

　現状の平均客単価が8,000円で、来客数が年間12,500人で1億円の年商だとします。お店の数を増やさない前提で、売上の8％アップを目指すとなるといろいろなパターンがありますね。

　例えば次のようなパターンです。

パターン1：客単価をあげる
　客単価8,000円×8％アップの8,640円で、
　客数変更なしの12,500人

パターン２：座席数を増やすか回転率を上げて来客数（回転率）を増やす

客単価 8,000 円を据え置き、

客数 12,500 人 × 8% アップの 13,500 人

パターン３：客単価を大幅に上げる、但し来客数の減少も加味する

客単価 8,000 × 15% アップの 9,200 円で、

来客数 6% 程度減少見込んで 11,750 人

パターン４：客単価を下げて、その分来客数を増やす

客単価 8,000 円 × 20% ダウンの 6,400 円で、

来客数 35% 増加を見込んで 16,875 人

　どの組み合わせも概ね目標の 1 億 8 百万円になりますが、計算上は単価 × 人数の組み合わせが変わっているだけです。当然、他にも多数の組み合わせがあります。達成するための行動計画の仮説を検討して、いくらの平均客単価と来客数を目指していくのかを考えていくのです。

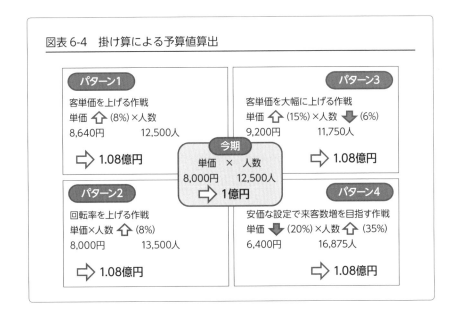

図表 6-4　掛け算による予算値算出

コスト面に関しても、人件費などは同様に1人当たり人件費に人数をかけて人件費予算を算出したりします。

予算値を算出する場合のもうひとつの方法は、積み上げ計算をしていく方法です。

今度はコストを例にとって考えてみましょう。

同じくレストランの経営をしている会社で考えた場合、広告宣伝の予算をどのようなステップで考えるかというと、前期に使っていた広告宣伝のコストを継続するかどうかを考えます。

チラシを近所で配っているかもしれませんし、インターネット広告を出しているかもしれません。いずれにしても前期に活用した手段をそのまま継続するかを判断します。

その上で、売上アップを目指すために追加で打つべき施策にコストをかけるかを検討します。

今まで使っていなかった公告や集客サービスを導入する場合、追加コストとして現状のコストに積み増して考えます。もちろん、今まで使っていた広告宣伝を行わないのであれば、その分は減額となります。

このように掛け算的に予算の根拠数値を算出するのではなく、足し算や引き算を使って予算の金額を算出するのがもうひとつの方法です。

図表6-5　予算値の設定方法

種　類	算出パターン
掛け算で算出	単価や数量を掛ける 前年と比較してパーセントを掛ける
足し算・引き算 で算出	個別の施策の実施を検討 新たな施策はプラス、取りやめはマイナス

いずれの方法で算出するのかは、対象となる予算項目によって異なってきますが、ほとんどの場合、いずれかの方法で算出することができます。

◆ ゼロベース予算はプロジェクト予算で活用

　前期実績をもとに予算値を出すことが圧倒的に多いといいましたが、前例にとらわれずに予算を算出する方法もあります。いわゆる「ゼロベース」で予算を策定する方法です。

　前期までの実績にとらわれず、いったん過去のことは白紙として、必要事項や優先事項等を勘案してゼロから積み上げて予算を策定する方法です。

　単純に前年対比で予算を組んでしまう場合、特にコスト面に関しては、コストが比例的に増加していく傾向を認める形となりがちです。その結果、ムダなコストが発生してしまう可能性があります。

　また、前年対比をベースとする前例踏襲主義で考えると、これまでの常識にとらわれない革新的な視点が、予算策定時に生まれないというマイナス面が生じる懸念がある一方、ゼロベースで検討する場合はイノベーティブな視点が出現する可能性があるというメリットもあります。

　ゼロベースで予算を策定する方法は、アメリカがカーター大統領時代

図表6-6　前年対比とゼロベースの違い

設定方法	メリット	デメリット
前年対比	・作成が容易	・コストの一定アップを許容してしまう ・無駄なコストが発生し続ける可能性
ゼロベース	・プロジェクト予算には適する ・革新的になる可能性	・作成に時間を要する

に国家予算の策定に利用したことが有名です。

　企業においても導入しているケースもありますが、前年対比で策定する方法と比較して策定に多くの時間を要することとなります。また、提示された予算の是非を判断する人には、全社視点で考えられる能力が求められるので、継続して実施するには一定のハードルがあるといえます。

　ただ、プロジェクトごとの予算を策定するような場合には、プロジェクトに関する予算だけを切り出して、そのプロジェクトの優先順位等を勘案してゼロベースで予算を組むというやり方は、実務的にも実施可能です。

> **✔ ここだけチェック**
>
> 社外に発表している予算は必達を前提で考える

3 予算の活用方法

◆ 前年対比は必ず実施

　予算は作成することが目的ではなく、PDCA サイクルに乗せて活用しなければ意味がありません。そのため、どのように活用していくのかということが策定後の課題です。

　予算の活用に関して、貸借対照表と損益計算書の両方の予算を組んでいる会社もありますが、ここでは多くの会社が策定し、活用をしている損益計算書にフォーカスして説明します。

　第5章の「管理会計」のパートで説明しましたが、会社の実績数値は少なくとも月次ベースで集計します。そのため、予算の活用も月次単位で行うことが基本となります。

　予算の活用の一番重要なテーマは、予算と実績の比較ですが、その前に前期実績と当期実績の比較について触れます。

　予算策定のパートで触れましたが、多くの会社で予算を策定する際に

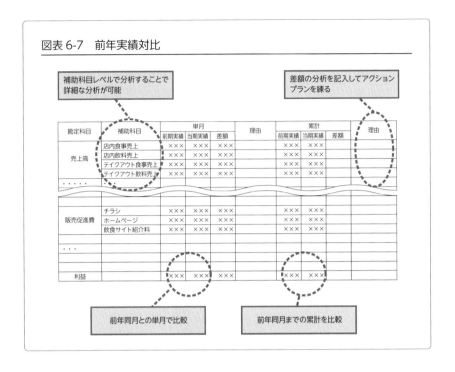

図表 6-7　前年実績対比

補助科目レベルで分析することで
詳細な分析が可能

差額の分析を記入してアクション
プランを練る

勘定科目	補助科目	単月			理由	累計			理由
		前期実績	当期実績	差額		前期実績	当期実績	差額	
売上高	店内食事売上	×××	×××	×××		×××	×××		
	店内飲料売上	×××	×××	×××		×××	×××		
	テイクアウト食事売上	×××	×××	×××		×××	×××		
	テイクアウト飲料売上	×××	×××	×××		×××	×××		
·····									
販売促進費	チラシ	×××	×××	×××		×××	×××		
	ホームページ	×××	×××	×××		×××	×××		
	飲食サイト紹介料	×××	×××	×××		×××	×××		
····									
利益		×××	×××	×××		×××	×××		

前年同月との単月で比較

前年同月までの累計を比較

前期の実績をもとにするといいました。

　そのため、当期の実績と前期の実績を比較することは、予算の活用に
あたって必ず実施すべきプロセスです。前期と比較して、今期の実績が
どのように推移しているのかを比較することになりますが、比較にあ
たっては、損益計算書の勘定科目ごとに比較を行います。

　第2章の「損益計算書」のパートで、公式として「収益－費用＝利益」
というものがありましたね。

　収益には、本業の売上や投資などに伴って発生する、営業外の受取利
息などがありました。費用には、本業の売上に直接かかわる、仕入（売
上原価）や販売費及び一般管理費という総称で呼ばれている間接的な経
費などがありました。

　損益計算書では、それらの収益や費用が内容ごとに勘定科目というく
くりで区分されて表示されます。

　前期と当期の実績を比較する場合は、この勘定科目という収益や費用

の分類ごとに比較を行います。

　また、勘定科目というくくりでは範囲が広すぎる場合には、勘定科目の中身をさらにカテゴリー別に分けて補助科目に区分している会社も多くあります。

　例えば、飲食店の場合であれば、収益の勘定科目である「売上高」という科目に関して、補助科目で「店内食事売上」、「店内飲料売上」、「テイクアウト食事売上」、「テイクアウト飲料売上」などといったように区分しているケースもあります。

　このように補助科目レベルにまで分類している会社の場合は、前期と当期の比較を補助科目レベルで実施することで、より詳細な分析をすることができます。

　なお、前期の数字と比較するのは必須となりますが、状況によっては前々期の数字とも比較するようにします。前期に特殊な要因がある場合に、前期と比較しても意味がないということで、比較すること自体が形骸化してしまうこともあります。その場合、前期の数字と併せて前々期の数字も並べて比較するようにしているケースもあります。

　このように、比較をする際は、勘定科目や勘定科目の詳細である補助科目をキーに比較することになるので、予算を策定する際は、勘定科目ごとや補助科目ごとに金額を決定していく必要があります。

◆ 予算実績対比の実施

　前期との分析を行った後に、予算と実績の比較をします。

　予算の策定も基本的に損益計算書の勘定科目や補助科目レベルで設定をしますので、前期の比較と同様に勘定科目や補助科目レベルで比較をします。

　予算を策定するときは、一定の根拠でもって数値を算出するということでしたよね。ですから、実績が出たら当初の仮説としての前提条件と、実績に何の乖離があったのかを分析することになります。

　売上に関していえば、数量が予定通り販売できなかったのであれば価格の問題なのか、競合他社の動向なのか、あるいは提供している商品や

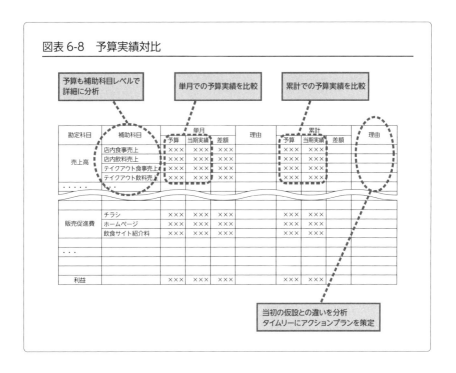

図表 6-8　予算実績対比

勘定科目	補助科目	単月			理由	累計			理由
		予算	当期実績	差額		予算	当期実績	差額	
売上高	店内食事売上	×××	×××	×××		×××	×××		
	店内飲料売上	×××	×××	×××		×××	×××		
	テイクアウト食事売上	×××	×××	×××		×××	×××		
	テイクアウト飲料売上	×××	×××	×××		×××	×××		
・・・・・・									
販売促進費	チラシ	×××	×××	×××		×××	×××		
	ホームページ	×××	×××	×××		×××	×××		
	飲食サイト紹介料	×××	×××	×××		×××	×××		
・・・									
利益		×××	×××	×××		×××	×××		

予算も補助科目レベルで詳細に分析

単月での予算実績を比較

累計での予算実績を比較

当初の仮設との違いを分析
タイムリーにアクションプランを策定

サービスとマーケットのニーズが合っていないのかなどの原因を特定していくことが重要です。

　その上で、PDCA サイクルを回すために新たな仮説を立てて予算値に近づくための努力をするのです。

　「月次決算」のパートで、月次の締めはなるべく早く行うことが望ましいと説明しましたが、それは、このように予算と実績を比較して、その乖離を埋めるためのアクションプランをスピーディーに策定することが重要だからです。

　この本をお読みになっている読者の中には、営業部門に配属されている方もいらっしゃるかもしれませんが、経理部門から「月次決算を早く締めるために売上の数値を早く確定して下さい」と急かされることがないでしょうか。それは、経理のメンバーが早く月次決算を締めて、予算を達成するためのアクションプランのもととなる資料作りをするためなのです。

そう考えると早く締めるために、営業部門であっても経理に協力する必要があるのだという意義が感じられるのでないでしょうか。

♦ 年度見込みの試算を行って差異分析

予算と実績を月次レベルでタイムリーに行うことが予算管理の肝のひとつですが、年度の後半に入ってくると単純に実績と比較するだけでは足りません。年間の見込みと予算を比較することが必要になってきます。

言ってみれば、期末時点での到達見込みと当初立てた年間予算との間に、どのような乖離が出そうかを確認するプロセスです。

社外向けの予算として外部に約束をしている予算と、実績の見込みを比較して、予算に到達しそうでない場合は、何とか予算に達するように今まで策定したアクションプランの確実な実行や、それで足りないようであれば追加の施策を考えなければなりません。

逆に予算を十分にクリアしそうな場合は、余裕が出てきますので、来期に向けて新たな種まきを実施するなど、中期的な成長のためのプランを実行することが可能となります。

ここでお気づきの方もいるかもしれませんが、実績の見込みと年間予算とを比較するということは、実績の見込み値を出さなければならないということです。

予算値はあくまで年度が始まる前に決定した値であって、将来予算値通りに進行していくのかどうかは明らかではありません。既に実績の出ている過去の傾向から、決算末までの未来の予想値を出す必要があるのです。

見込みの数値に関しては、経理部門が算出するというよりも、現場のメンバーが主体的に期末に向けての行動計画をもとに算出して、経理に提出するという流れが基本です。

そのため、例えば利益の確保が難しい局面になっている場合には、コストを抑えるという手段で、利益を捻出するというパターンもあります。そのような場合は期末に向けて、当初の予算と比較してコスト削減可能な項目を抽出します。

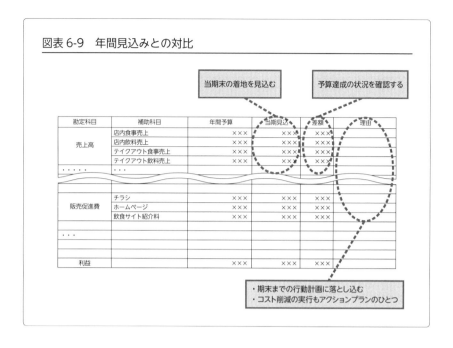

図表6-9　年間見込みとの対比

当期末の着地を見込む　　　予算達成の状況を確認する

勘定科目	補助科目	年間予算	当期見込	差額	理由
売上高	店内食事売上	×××	×××	×××	
	店内飲料売上	×××	×××	×××	
	テイクアウト食事売上	×××	×××	×××	
	テイクアウト飲料売上	×××	×××	×××	
・・・・・・	・・・				
販売促進費	チラシ	×××	×××	×××	
	ホームページ	×××	×××	×××	
	飲食サイト紹介料	×××	×××	×××	
・・・					
利益		×××	×××	×××	

・期末までの行動計画に落とし込む
・コスト削減の実行もアクションプランのひとつ

　例えば、いくつかの出張を予定したような場合は、出張を取りやめたり、参加人数を減らしてコストを削減したりすることもあります。あるいは、当初予定していた広告宣伝に関して売り上げ増加が見込めないようであれば、広告を取りやめるといったことも想定されます。

　このように見込みを算出する場合は行動計画に合わせて数値を算出する必要がありますので、単純な希望で売上の数値をあげてしまったり、費用を下げてしまったりすることのないようにする必要があります。

　予算は会社の理想に近づくための道しるべであり、そこに近づくためにどのような行動をとっていくべきか考えることが、真に予算を活用していることになるのです。

♦ 修正予算は組まないケースが多い

　このパートの最後として、「修正予算」について触れます。当初立てた予算を達成することが困難な場合に、予算を修正することがあります。その場合に作成されるものが修正予算ですが、基本的に修正予算は例外

図表 6-10　前期、予算、見込、当期を比較

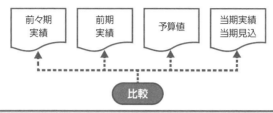

| 前々期
実績 | 前期
実績 | 予算値 | 当期実績
当期見込 |

比較

予算達成のために、月次レベルで前期（必要に応じて前々期も）、
予算と当期実績・当期見込を比較する

比較後のアクションプラン策定が重要

時にのみ作成するものという認識を持ってください。

　公益的な組織等で、予算と実績が乖離することが望ましくないという
ことで修正予算を組むことが例外でない組織もありますが、会社が予算
を組んだ場合は、当初予算を 1 年間追いかけるというのが基本的なスタ
ンスです。

　少しばかり外部環境が変化したからといって、予算値をその都度修正
していては、当初の予算が持つ重みがなくなってしまいます。そのため、
特殊な外部環境の変化といった大きな要因がない限り、通常は予算を期
中で修正することはありません。

　期中で予算を修正するということがない前提で当初予算を組むのが一
般的なので、読者の中で予算値を提出される方は、実行のための行動計
画とともに期末まで変更しないという前提で予算を組むようにして下さ
い。

　ただし、会社の組織を期中に変更した場合などは、変更後の組織に合
わせて予算値を変えることはします。

　例えば、A 部門で年間売上予算が 2 億円、B 部門で年間売上予算が同
じく 2 億円だった場合に、中間時点で A 部門から半分程度の人員が、
新たに作られた C 部門に異動した場合などは、A 部門の当初の売上予

算の一部（例えば、下期の売上予算が1億円でそのうち半数の人員に相当する5,000万円）をC部門に振り分けるといういったような内部での振替はあります。ただし、この場合でも会社全体での売上予算金額は変更しないのが一般的です。

　組織変更が頻繁に行われる会社では、このような予算の再編成が発生しやすいことを認識しておいてください。

> **✔ ここだけチェック**
>
> 年間見込みと予算の対比も実施する

4　実際に予算を策定してみよう

　それでは、実際に予算の策定を行ってみましょう。

　通常、来期の予算の策定は、年度の後半に当期の年間見込みを行って、年度末の着地点を予想した上で行います。

　本来の予算策定にあたっては、販売戦略や製造関係のコストダウン戦略、採用計画等多岐にわたる会社の経営戦略を踏まえて行う必要がありますが、簡単な例でその一部を行ってみましょう。

【設例】

【予算策定会社の概要】

　対象となる会社は、肩もみサービスを提供している会社で、40分コースと60分コースの2種類のサービスのみを提供しています。

　経費は、4名いる社員の人件費と家賃、広告宣伝費、その他費用という内訳です。

　広告宣伝費は、チラシ作成費用、インターネット上の予約サイトを通じて予約を受け付けた場合に運営会社に支払う手数料、自社のホームページの運営費用の3つで構成されています。

　来期の予算を組むにあたって、お客さんを40分コースから60分コー

スへ誘導することを目的に、40分コースの単価を100円上げて、逆に60分コースの単価は100円下げる予定です。

　その結果、利用人数が【来期予算策定時の前提条件】に記載の通り変動することを見込んでいます。

　また、今まで来客があっても、マッサージが行える社員が不足していたために断っていたことがあり、機会損失が生じていたので、新たに若手スタッフを採用することにします。

　販促活動に関しては、チラシの効果があまりないと思われたので、現状の4分の1程度までチラシの配布を減らす予定です。

　予約のしやすさから、スマートフォンを使った予約サイト経由の受付が増えており、現状50%のお客さんが予約サイト経由ですが、60%になると見込んでいます。

　次のページ以降に、今期の年度末までの実績見込みに基づく損益予想と売上や費用の内訳が記載されていますが、【来期予算策定時の前提条件】を参考にして、来期の損益予算を考えてみましょう。

【当期見込み損益】

勘定科目	補助科目	当期実績（年間見込）
売上高	40分コース	22,800,000
	60分コース	17,100,000
売上高合計		39,900,000
営業費用		
人件費		19,200,000
賃借料		6,000,000
広告宣伝費	チラシ	1,800,000
	予約サイト手数料	1,197,000
	自社サイト運営	600,000
	小計	3,597,000
その他		6,000,000
営業費用合計		34,797,000
営業利益		5,103,000

【当期実績内訳】

商品別売上内訳（当期）

	40分コース	60分コース
単価	3800円	5700円
年間利用人数（年間）	6000人	3000人
年間売上高	22,800,000円	17,100,000円

人件費内訳（当期）

平均給与	4,000,000円
平均法定福利費等　※	800,000円
人数	4人
人件費合計	19,200,000円

※法定福利費等は給与の20%

広告宣伝費（当期）

チラシ	1,800,000円
予約サイト手数料　※	1,197,000円
自社サイト運営	600,000円
合計	3,597,000円

※売上の半分は予約サイト経由で売上の6%、39,900千円の50%の6%→1,197千円

【来期予算策定時の前提条件】

売上関係
40分コースの単価を100円アップ、利用人数は5%減少を見込む
60分コースの単価を100円ダウン、利用人数は30%増加を見込む

人件費関係
平均給与は3%アップの予定、法定福利費等の割合（人件費の20%）は変更せず
期首から1名の採用予定で、給与は年間3,200,000円の予定

賃借料
賃料の改定が見込まれて2%期首から増加する予定

広告宣伝費
チラシは出稿を当期の25%まで減らして、年間450,000円の予定
予約サイト経由の売上が全体の60%になる見込みで手数料は売上の6%の予定
自社サイトの運営費用は5%コストアップの予定

その他営業費用
来期は3％のコストアップが想定される

【解答用紙】

上記の前提条件等をもとに来期予算の数値を計算してみましょう。

まずは、主な内訳項目について考えてみてください。

来期予算内訳

商品別売上内訳（来期）

	40分コース	60分コース
単価	円	円
人数（年間）	人	人
年間売上高	円	円

人件費内訳（来期）

平均給与（既存スタッフ）	円
平均法定福利費等　※	円
既存スタッフ人数	人
新規採用者給与	円
新人法定福利費等　※	円
新人スタッフ人数	人
会計人数	人
人件費合計	円

※法定福利費等は給与の20％

広告宣伝費（来期）

チラシ	円
予約サイト手数料　※	円
自社サイト運営	円
合計	円

※売上の60％分は予約サイト経由で売上の6％

上記が埋まったら来期予算のシートに数字を転記してみましょう。

来期予算

（単位：円）

勘定科目	補助科目	来期予算
売上高	40分コース	
	60分コース	
売上高合計		
営業費用		
人件費		
賃借料		
広告宣伝費	チラシ	
	予約サイト手数料	
	自社サイト運営	
	小計	
その他		
営業費用合計		
営業利益		

【解答と解説】

　それでは、予算策定の前提条件をもとに、各勘定科目の内訳でどのようになるのかを見てみましょう。

【来期実績内訳】

商品別売上内訳（来期）

	40分コース	60分コース
単価	3,900円	5.600円
人数（年間）	5,700人	3,900人
年間売上高	22,230,000円	21,840,000円

賃借料
　当期の6,000,000円×2％アップを加味して、6,120,000円

人件費内訳（来期）

平均給与（既存スタッフ）	4,120,000円	4,000千円×3％を加味
平均法定福利費等　※	824,000円	4,120千円の20％相当
既存スタッフ人数	4人	
新規採用者給与	3,200,000円	
新人法定福利費等　※	640,000円	3,200千円の20％相当
新人スタッフ人数	1人	
人数	5人	
人件費合計	23,616,000円	

※法定福利費等は給与の20％

広告宣伝費（当期）

チラシ	450,000円	1,800,000円×25％
予約サイト手数料　※	1,586,520円	年間売上44,070千円×予約サイト経由60％×6％
自社サイト運営	630,000円	600,000円×5％を加味
合計	2,666,520円	

※売上の60％は予約サイト経由で売上の6％

その他営業費用
　当期の6,000,000円×3％アップを加味して、6,180,000円

続いて予算の内訳を転記すると、来期予算は次のようになります。

来期予算		(単位：円)
勘定科目	補助科目	来期予算
売上高	40分コース	22,230,000
	60分コース	21,840,000
売上高合計		44,070,000
営業費用		
人件費		23,616,000
賃借料		6,120,000
広告宣伝費	チラシ	450,000
	予約サイト手数料	1,586,520
	自社サイト運営	630,000
	小計	2,666,520
その他		6,180,000
営業費用合計		38,582,520
営業利益		5,487,480

売上高、人件費のうち既存メンバー分、広告宣伝費のうち予約サイト手数料などは予算値の算出に当たり、掛け算を使って金額を算出しています。

広告費のチラシは、施策の実施を減らすという観点から、引き算的な思考で予算の数字が固められます。

予算策定の際には、様々な前提条件を考慮しますが、金額算定にあたっては掛け算的な方法や足し算・引き算的な方法のいずれかで算出が可能なことがほとんどです。よって実務上は、表計算ソフトを使ってシミュレーションをして、予算値を算出することが多いです。

また、今回は簡便的に年間合計で予算の数値を算出しましたが、実際は月次ベースで数字の算出を行います。

最後に年間の見込みと来期予算を並べた表を掲載しておきます。

当期実績（年間見込）の数字は、来期の実際の見込額が記入されます。来期に入ってからは、年間見込を算出し、その数値と予算の数値との対比を行います。そして当初立てた仮説通りに数字が積みあがってくるのかどうかを検証し、必要に応じて追加のアクションを起こすPDCAを回していくことになります。

【当期見込みVS予算】

年間見込を算出

(単位：円)

勘定科目	補助科目	当期実績 (年間見込)	予算	差額
売上高	40分コース	20,000,000	22,230,000	−2,230,000
	60分コース	24,000,000	21,840,000	2,160,000
売上高合計		44,000,000	44,070,000	−70,000
				0
営業費用				0
人件費		22,000,000	23,616,000	−1,616,000
賃借料		6,080,000	6,120,000	−40,000
広告宣伝費	チラシ	500,000	450,000	50,000
	予約サイト手数料	1,700,000	1,586,520	113,480
	自社サイト運営	620,000	630,000	−10,000
	小計	2,820,000	2,666,520	153,480
その他		4,800,000	6,180,000	−1,380,000
営業費用合計		35,700,000	38,582,520	−2,882,500
営業利益		8,300,000	5,487,480	2,812,520

✔ ここだけチェック

掛け算と足し算・引き算で予算は算出可能

第 **7** 章

連結決算

▶ 本章では、連結決算の基本的な仕組みについて解説
します。

▶ 連結決算時における特有の処理を学ぶことで、個別
財務諸表の単純合算との違いを理解できるようになり
ます。

▶ 実際に公表されている連結財務諸表を見てみましょ
う。有価証券報告書にはセグメント情報も掲載されて
いて、会社の儲けの源泉やその要因を知ることが可能
です。

1 連結決算でわかること

◆ 連結財務諸表はなぜ重要か

新聞の会社の業績欄などで、よく「連結決算の利益が増加した」というように、「連結決算」という表現を見たことがあるのではないでしょうか。会社の中には、連結決算書（専門的には連結財務諸表と呼びます。）を作成するところがあります。連結財務諸表とは、親会社と子会社の決算書を合体させてグループ合計の財産・債務の状態やグループ全体の損益の状況を表したものです。

ここで、親会社、子会社とありますが、親分と子分という関係があるように（最近では、死語でしょうか？）、ある会社に支配されている会社が子会社となり、その子会社を支配している親分を親会社と称して1つのグループとみます。

支配しているかどうかの判定ですが、原則として子会社の株式を親会社が過半数保有していれば、支配しているといえます。ただし、株式を過半数保有していなくてもたくさんお金を貸していたり、役員を多数送り込んでいたりしている場合などは、支配しているとみなして親子の関係と見られることもあります。連結決算の範囲にどのような会社が入るのかについては、第7章－2で改めて説明します。

一昔前は、会社の決算書といえば各会社の単体の決算書（個別財務諸表といいます。）のことを指していましたが、今では、親会社と子会社の関係を合体させた連結財務諸表が会社の決算書の主役となっていて、個別財務諸表は脇役的な扱いとなっています。

会社が社内の部門や支店等において事業を行えば、個別財務諸表においてそれらの事業全体の経営成績や財政状態が明らかになります。

しかし、会社がその子会社等を通じて事業活動を行った場合には、個別財務諸表には子会社の経営成績や財政状態は反映されません。子会社の個別財務諸表も別途見ることで企業グループの動きを見ることができ

ますが、グループ内の取引が個別財務諸表に含まれるため、実態を正確につかむことは個別財務諸表をそれぞれ見ても難しいと言わざるを得ません。

このように一社一社の決算書を見ていくよりも、グループ全体の連結財務諸表を見たほうがグループの実態がよく分かるため、個別財務諸表よりも連結財務諸表の方が主役になったのです。

♦ 家族間の取引は帳消しに

第2章や第3章で損益計算書や貸借対照表を考える場合に、家族のお金でイメージを持ってもらいました。

損益計算書であれば家計の収入と経費、貸借対照表であれば家計の財産と債務と近しいイメージでそれぞれの決算書が作られていましたね。

その時点では、ひとつ屋根の下の核家族を想像して考えてもらい、この核家族という単位をひとつの会社ととらえていました。つまり個別財務諸表を見ていました。

これが連結財務諸表を作る場合は、親子のグループで考えることになるので、仮におじいさんやおばあさんがいれば、こちらの家計を親分の家計と見立てておじいさん、おばあさんの家計についても合体させて考えます。合体させると大家族の貸借対照表や損益計算書ができますよね。つまり、連結財務諸表というのは、つながりの強い会社同士を合体させたものなのです。

例えば、おじいさん（お父さんの親）が資産家だったら、お父さんの財産は少なくても、家族グループ（会社で考えれば企業グループ）で考えたら余裕のある財政状態ということになります。

会計の世界では、企業グループ全体で財政状態や経営成績が判断できるように連結財務諸表を作成するのです。そして、連結財務諸表を作ることを、連結決算を行うといいます。

では、連結決算を行うことによって何がわかるのでしょう。

図表7-1の簡単な設例を見て、連結財務諸表から何が読み取れるのか

を確認してみましょう。

　まず「個別P/L」でA社の決算書を見ると損益計算書では500億円の利益が出ていますので、優良会社に見えますね。

　A社にはB社という子会社があるのですが、B社は全ての商品をA社から仕入れて外部に売却していますが、B社の損益計算書はいかがでしょうか。B社には在庫がない前提ですが、A社から仕入れた商品を外部に売っても利益が出ておらず、売上総利益はマイナス500億円で、販売費および一般管理費を差し引きした営業利益はマイナス1,000億円と大幅な赤字です。

　連結決算というのは親会社と子会社の決算書を合算することをいいますが、今回の簡単な設例でA社とその子会社のB社を合算した連結の損益計算書は「連結P/L」で示したようになります。

　内部取引として消去している項目については、第7章－3で説明をするので、ここではそのような連結特有の調整が入るのだなと理解をしていただき、今は最終値としての連結ベースの損益計算書の部分に注目してください。

　単独でのA社の決算書を見ていたら500億円の利益が出ていましたが、連結ベースでは、500億円の営業損失となっていますね。

　この設例では、親会社のA社が子会社に販売した在庫を子会社のB社が外部に販売した際には大幅な赤字販売となっているので、グループ全体で考えると非常に厳しい決算数値となっているのです。

　もしも、A社の個別の損益計算書しか見ていなければ、業績の良い会社と誤認してしまいますよね。ですから、子会社を抱えている企業グループの場合は、個別の決算書を見て終わりではなくて、連結決算書で判断する必要があるのです。

　上場している会社の場合は、連結財務諸表が作られており、有価証券報告書に掲載されているので、誰でも目にすることができます。以前は、有価証券報告書の掲載箇所に関して、個別財務諸表が連結財務諸表の前に配置されていましたが、連結財務諸表の方が投資家にとってはより有益ということで、今では順番が逆転して連結財務諸表が前半に来ていま

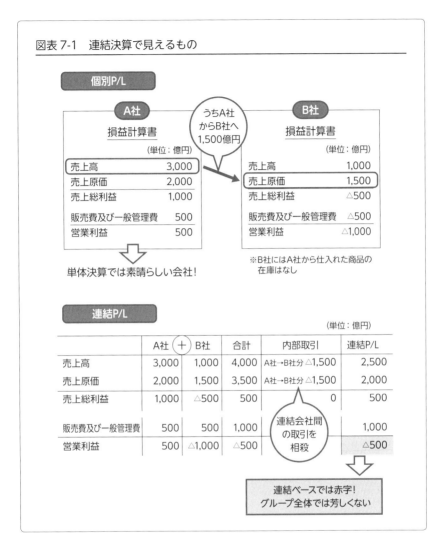

図表 7-1　連結決算で見えるもの

個別P/L

A社

損益計算書

（単位：億円）

売上高	3,000
売上原価	2,000
売上総利益	1,000
販売費及び一般管理費	500
営業利益	500

うちA社からB社へ1,500億円

単体決算では素晴らしい会社！

B社

損益計算書

（単位：億円）

売上高	1,000
売上原価	1,500
売上総利益	△500
販売費及び一般管理費	△500
営業利益	△1,000

※B社にはA社から仕入れた商品の在庫はなし

連結P/L

（単位：億円）

	A社 ＋	B社	合計	内部取引	連結P/L
売上高	3,000	1,000	4,000	A社→B社分 △1,500	2,500
売上原価	2,000	1,500	3,500	A社→B社分 △1,500	2,000
売上総利益	1,000	△500	500	0	500
販売費及び一般管理費	500	500	1,000		1,000
営業利益	500	△1,000	△500		△500

連結会社間の取引を相殺

連結ベースでは赤字！グループ全体では芳しくない

す。上場企業グループの業績を見る時は、極論すると個別財務諸表を見ずに連結財務諸表だけを見ておけばグループ経営の善し悪しを判断することができます。

ただ、非上場の会社の場合は、連結財務諸表の作成義務がないため、取引しようとする会社の信用を判断する場合などは、できる限りグループ会社全ての個別財務諸表を入手して連結ベースでの決算書を想定する

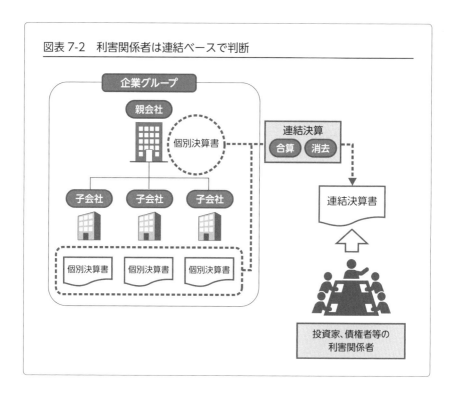

図表 7-2　利害関係者は連結ベースで判断

企業グループ

親会社

個別決算書

子会社　子会社　子会社

個別決算書　個別決算書　個別決算書

連結決算
合算　消去

連結決算書

投資家、債権者等の
利害関係者

ことが重要です。

　非上場の会社でも経営管理の優れている会社の場合は、義務はなくと
も連結ベースの決算書を作成している会社もありますので、取引上連結
財務諸表が必要な場合は、連結決算を行っているかどうか聞いてみるの
もひとつです。

✔ ここだけチェック

上場企業の決算では連結財務諸表が重視される

連結決算の範囲

◆ 子会社判定は支配力基準で

連結財務諸表を作成することとなった場合に、その合算を行う範囲をどこまでにするのかということに関してルールがあります。

連結決算の対象ですが、「親会社」とすべての「子会社」というのが原則的な範囲です。

では、その「子会社」ですが、何を基準に決めるのかというと、以前は議決権をどれだけ保有しているかという持株基準で判断していましたが、今は、支配力基準という考えが適用されています。

これは、過半数の議決権を保有しているかどうかが基準となる持株割合だけで判断してしまうと、過半数の議決権をあえて持たないようにして、連結の対象から外すという抜け道ができてしまうために設けられた基準です。

支配力基準というのは、次のいずれかの基準を満たした場合には、子会社として扱うという基準です。

①議決権の過半数を保有している場合

②議決権が 40％ 以上 50％ 以下の場合でも、次のいずれかに該当する場合

イ）「緊密な者」や議決権行使に関して「同意している者」と合わせて議決権の50％超を保有している場合

ロ）役員等であったものが取締役会の構成員の過半数を占めている場合

ハ）重要な財務・営業・事業の方針決定を拘束する契約が存在する場合

ニ）資金調達額の50％超について融資等を行っている場合

ホ）意思決定を支配していることが推測される事実がある場合

当初は①のみが基準でした。しかし業績の悪い子会社を含めて連結決

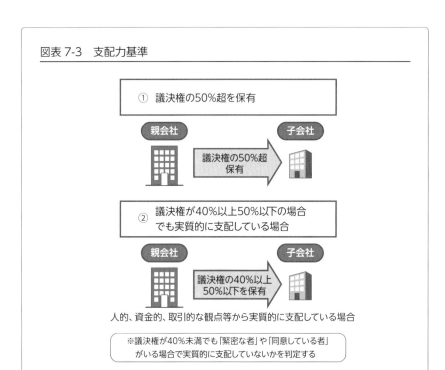

図表 7-3　支配力基準

① 議決権の50％超を保有

親会社　　　　　　　子会社

議決権の50％超
保有

② 議決権が40％以上50％以下の場合
でも実質的に支配している場合

親会社　　　　　　　子会社

議決権の40％以上
50％以下を保有

人的、資金的、取引的な観点等から実質的に支配している場合

※議決権が40％未満でも「緊密な者」や「同意している者」
がいる場合で実質的に支配していないかを判定する

算すると会社全体の業績が悪く見えるのを嫌い、そうした子会社を意図的に連結対象から外すような粉飾を行うケースが見受けられたこともあり、②の基準が加えられました。

③議決権が 40％未満の場合でも、一定の条件に該当する場合

　また、形式的な 40％ という数値を盾に連結対象から外れることがないように、議決権が 40％ 未満の場合でも「緊密な者」や議決権行使に関して「同意している者」と合わせて議決権の 50％ 超を保有した上で、人的、資金的、取引的な観等点から実質的に支配している場合も子会社として扱います。

◆ 持分法の適用に影響力基準を適用

　また、連結決算は個別の決算書を合体させるものという説明をしましたが、議決権割合が低い（主として議決権割合 20％ 以下）会社の決算

図表 7-4　影響力基準

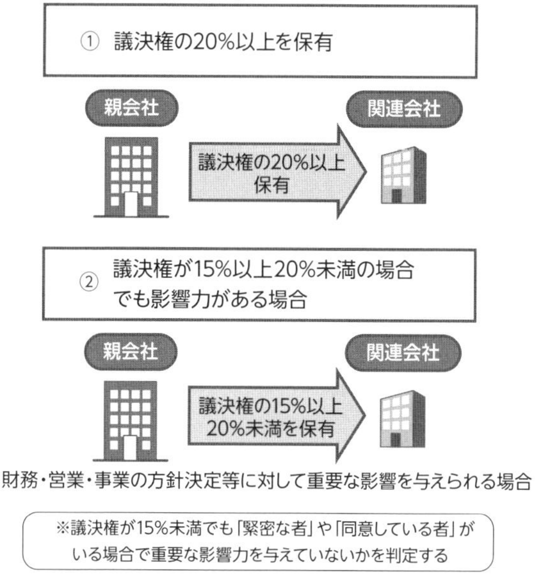

①　議決権の20％以上を保有

親会社　　　　　　　　関連会社

議決権の20％以上
保有

②　議決権が15％以上20％未満の場合
でも影響力がある場合

親会社　　　　　　　　関連会社

議決権の15％以上
20％未満を保有

財務・営業・事業の方針決定等に対して重要な影響を与えられる場合

※議決権が15％未満でも「緊密な者」や「同意している者」が
いる場合で重要な影響力を与えていないかを判定する

書については、貸借対照表と損益計算書の両方全てを合算するのではな
く、持株割合に応じた利益だけを合算するシンプルな方法を適用します。
このように持株割合に応じた損益だけを取り込む方法を持分法といいま
す。

　持分法が適用される会社のことを「関連会社」といいます。この関連
会社の範囲に関しても子会社の範囲と同様に単純に持株割合だけではな
く実質的な基準から判定が行われます。

　持分法の範囲の基準は「影響力基準」と呼ばれますが、次のいずれか
に該当する場合に関連会社として扱われます。

①議決権の 20％を保有している場合
②議決権 15％ 以上 20％ 未満の場合でも、次のいずれかに該当する場合
　イ）役員等であったものが代表取締役等に就任している場合

ロ）重要な融資を行っている場合

ハ）重要な技術を提供している場合

ニ）重要な販売・仕入その他営業上または事業上の取引がある場合

ホ）財務・営業・事業の方針の決定に対して重要な影響を与えることが出来ることが推測される事実が存在する場合

③議決権が15％未満の場合でも、一定の条件に該当する場合

　形式的な15％という数値を盾に連結対象から外れることがないように、議決権が15％未満の場合でも「緊密な者」や議決権行使に関して「同意している者」と合わせて議決権の20％以上を保有した上で、財務・営業・事業の方針決定等に対して重要な影響を与えることができる場合も関連会社として扱います。

✔ ここだけチェック

支配力基準と影響力基準で連結決算の範囲を決定する

3 連結特有の処理

♦ 合算後の消去が連結決算で必要

　連結決算はそれぞれの会社の決算書を合算すればよいと解説しましたが、合算した上でいくつか調整をしなければならない事項があるのです。

　連結決算特有の処理として、次のような項目があります。

①資本連結

　企業グループにおける親子の関係というのは、親会社が子会社に投資している状態ですが、貸借対照表上、親会社が子会社に投資をした際に親会社の財産として子会社株式が資産の部に計上されます。

　投資をされた子会社の方では出資をされているため、純資産の部に資本金や資本剰余金が計上されています。

```
① 資本連結
    親会社の子会社への投資と子会社の資本を相殺消去

② 内部取引の消去
    連結グループ内取引（損益、債権・債務）の相殺消去

③ 未実現損益の消去
    グループ外への売却前損益の消去
```

　この親会社の子会社に対する投資と、これに対応する子会社の資本を相殺消去する手続きを資本連結といいます。

②内部取引の消去

　連結財務諸表では、あくまでもグループ外での取引の結果として生じた売上や経費、債権や債務が表示されるようにすべきという視点から、グループ内の取引（親会社と子会社間、子会社同士間の取引）は、損益や債権・債務として計上することができません。

　そのため、連結財務諸表を作成する際には、グループ内で行われた取引は内部取引として消去する必要があります。

③未実現損益の消去

　グループ内で資産の売却取引を行った結果、利益や損失が発生することになりますが、その資産がグループ外部に売却されずに残っている場合には、グループ内部で発生した利益や損失は実現したものとは言えません。そのため、グループ外に売却されるまで、未実現の利益や損失を消去する手続きを未実現損益の消去といいます。

◆ 内部取引の消去でグループ実態が明らかに

　前のパートで示した3つの連結特有の処理のうち、「内部取引の消去」について、少しでもイメージがしやすいように家族間でのお金の貸し借りで考えてみましょう。

　あるお父さんがおじいさん（お父さんの親）から100万円お金を借りていたとします。

　それぞれの家計（会計でいう個別決算ベース）の貸借対照表を考えると、お父さんはおじいさんに借金が100万円あって、おじいさんはお父さんに対する貸付が100万円ある状態となりますね。

　次に親子を合体させた大家族（会計でいうところの連結決算ベース）としての貸借対照表を考えてみましょう。

　大家族をベース（会計でいう連結ベース）として財産と債務を合算した場合、貸付金と借入金がそれぞれ100万円計上されることになりますよね。でも、大家族というひとつのグループで考えた場合、この財産（貸付金）と債務（借入金）とは、相殺して考えた方が実態を表しますよね。なぜなら、貸付金や借入金はあくまでもグループ内部に対してのものであって、家族以外の外部の人に対するものではないですから。このようにグループの内部での財産と債務がある場合、相殺するという調整をはかりますが、これが「内部取引の消去」です。

　類似した取引としてグループの内部で収入と費用とが発生するケースがあります。例えば、お父さんがおじいさんのお仕事を手伝って、お仕事の報酬としてお金をもらった場合です。損益を考えるとお父さん側では収入が計上されて、おじいさん側では費用が計上されますよね。

　損益計算書で考えるとお父さんの損益計算書では収入が計上され、おじいさんの損益計算書では経費が計上されることになります。

　連結ベースで考えるために、それぞれの損益計算書を合算すると収入と費用が計上された状態となりますが、先ほどのお金の貸し借りと同じように、この取引も同一のグループ内での取引と考えたら、収入と費用を相殺した方が実態を表すことになります。

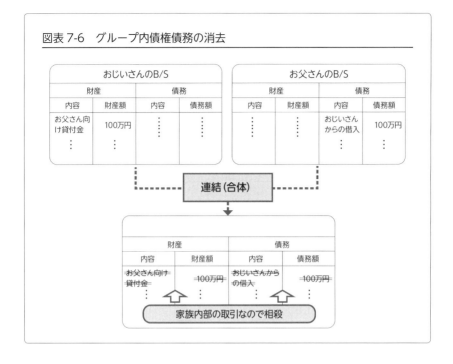

図表 7-6　グループ内債権債務の消去

おじいさんのB/S			
財産		債務	
内容	財産額	内容	債務額
お父さん向け貸付金	100万円	⋮	⋮
⋮	⋮		

お父さんのB/S			
財産		債務	
内容	財産額	内容	債務額
⋮	⋮	おじいさんからの借入	100万円
		⋮	⋮

連結（合体）

財産		債務	
内容	財産額	内容	債務額
~~お父さん向け貸付金~~	~~100万円~~	~~おじいさんからの借入~~	~~100万円~~
⋮	⋮	⋮	⋮

家族内部の取引なので相殺

　そこで、合算された損益計算書において収入と費用を同額相殺消去するのです。

　このように連結決算時に内部取引の消去ができるように、実務上は取引先がグループ会社か否かを区別できるように処理しています。

✔ ここだけチェック

資本連結、内部取引消去、未実現利益の消去は連結特有の処理

4 連結決算書を読んでみよう

　それでは、実際に公表されている連結決算書を見てみましょう。

　ここでは、リニア中央新幹線の開通に向けてひた走るJR東海（正式名は、東海旅客鉄道株式会社）について分析してみましょう。

　まずは、会社の概要を確認しましょう。

本社：

　1987年の国鉄分割民営化により設立。

　日本の大動脈ともいえる東海道新幹線を運営しており、その他に東海地方の各在来線も運営しています。

上場：東京証券取引所1部

決算月：3月

　2019年3月期実績：売上高　1兆8,781億円、営業利益　7,097億円、経常利益6,326億円

　過去2年間の連結決算書の要約は次の通りです。

東海旅客鉄道㈱連結決算書

■貸借対照表

(単位：百万円)

	2018年3月	2019年3月	増減額	比率（%）
資産の部				
流動資産				
現金及び預金	469,863	587,867	118,004	25%
中央新幹線建設資金管理信託	2,840,931	2,670,591	△ 170,340	−6%
受取手形及び売掛金	55,774	58,085	2,311	4%
未収運賃	46,246	54,760	8,514	18%
有価証券	308,500	158,300	△ 150,200	−49%
たな卸資産	38,116	46,358	8,242	22%
その他	45,349	54,792	9,443	21%
貸倒引当金	△ 13	△ 61	△ 48	369%
流動資産合計	3,804,768	3,630,692	△ 174,076	−5%
固定資産				
有形固定資産	4,544,732	4,706,673	161,941	4%
無形固定資産	55,659	77,571	21,912	39%
投資その他の資産				
投資有価証券	306,937	676,420	369,483	120%
繰延税金資産	166,438	170,574	4,136	2%
その他	35,610	39,498	3,888	11%
貸倒引当金	△ 5,463	△ 5,685	△ 222	4%
投資その他の資産合計	503,522	880,807	377,285	75%
固定資産合計	5,103,914	5,665,052	561,138	11%
資産合計	8,908,682	9,295,745	387,063	4%
負債の部				
流動負債				
支払手形及び買掛金	81,240	76,348	△ 4,892	−6%
短期借入金	27,509	28,392	883	3%
1年内返済予定の長期借入金	82,047	110,493	28,446	35%
1年内返済予定の株式給付信託長期借入金	5,400	5,400	0	0%
1年内に支払う鉄道施設購入長期未払金	5,126	5,444	318	6%
その他	401,501	424,183	22,682	6%
流動負債合計	602,823	650,260	47,437	8%
固定負債				
社債	734,295	773,293	38,998	5%
長期借入金	490,838	423,438	△ 67,400	−14%
中央新幹線建設長期借入金	3,000,000	3,000,000	0	0%
株式給付信託長期借入金	15,100	9,700	△ 5,400	−36%
鉄道施設購入長期未払金	543,897	538,451	△ 5,446	−1%
その他	436,988	392,537	△ 44,451	−10%
固定負債合計	5,221,118	5,137,419	△ 83,699	−2%
負債合計	5,823,942	5,787,679	△ 36,263	−1%
純資産の部				
株主資本				
資本金	112,000	112,000	0	0%
資本剰余金	53,498	53,497	△ 1	0%
利益剰余金	2,976,434	3,387,569	411,135	14%
自己株式	△ 121,687	△116,912	4,775	−4%
株主資本合計	3,020,245	3,436,154	415,909	14%
その他	64,494	71,911	7,417	12%
純資産合計	3,084,739	3,508,065	423,326	14%
負債純資産合計	8,908,682	9,295,745	387,063	4%

■損益計算書 (単位：百万円)

	2018年3月	2019年3月	増減額	比率（%）
売上高	1,822,039	1,878,137	56,098	3.1%
売上原価	966,688	970,811	4,123	0.4%
売上総利益	855,351	907,326	51,975	6.1%
販売費及び一般管理費	193,326	197,551	4,225	2.2%
営業利益	662,023	709,775	47,752	7.2%
営業外収益	8,791	10,784	1,993	23%
営業外費用	87,245	87,906	661	1%
経常利益	583,569	632,653	49,084	8%
特別利益	22,559	4,228	△ 18,331	−81%
特別損失	44,276	6,610	△ 37,666	−85%
税金等調整前当期純利益	561,852	630,271	68,419	12%
税金、税効果	171,952	185,234	△ 13,281	8%
当期純利益	389,899	445,037	55,138	14%

■キャッシュフロー計算書 (単位：百万円)

	2018年3月	2019年3月	増減額	比率（%）
営業活動によるキャッシュフロー	609,595	600,319	△ 9,276	−2%
（減価償却費）	216,027	211,262	△ 4,765	−2%
投資活動によるキャッシュフロー	△ 1,676,489	△ 597,502	1,078,987	−64%
（設備投資部分）	△ 308,860	△ 393,901	△ 85,041	28%
財務活動によるキャッシュ・フロー	1,434,788	△ 33,635	△ 1,468,423	−102%
現金及び現金同等物に係る換算差額			—	—
現金及び現金同等物の増減額	367,894	△ 30,817	△ 398,711	−108%
現金及び現金同等物の期末残高	782,454	751,636	△ 30,818	−4%

東海旅客鉄道㈱2019年3月期有価証券報告書より

　また、過去２年間のセグメント情報のうち、売上と利益に関する内容は以下の通りです。

　なお、「セグメント情報」とは、会社の売上、利益、資産などの情報を、構成単位であるセグメントごとに分解した情報のことをいいます。構成単位は、「マネジメント・アプローチ」と呼ばれる、経営者が自社の意思決定や業績評価に基づいて決められていますが、構成単位としては、事業部、部門、子会社あるいはその他の内部単位となっています。マネジメント・アプローチがとられている関係上、構成単位は各社が独自に設定することになるので、業種によっては似通うケースもありますが、基本的に会社間の共通性はありません。

■セグメント情報
2018年3月期 (単位：百万円)

	運輸業	流通業	不動産業	その他	計	調整額	連結財務諸表計上額
売上高							
外部顧客への売上高	1,412,182	243,228	46,117	120,510	1,822,039	―	1,822,039
セグメント間の内部売上高又は振替高	11,869	12,164	31,902	141,115	197,052	△197,052	―
計	1,424,051	255,393	78,020	261,626	2,019,091	△197,052	1,822,039
セグメント利益	623,077	8,224	18,534	13,208	663,045	△1,021	662,023

2019年3月期 (単位：百万円)

	運輸業	流通業	不動産業	その他	計	調整額	連結財務諸表計上額
売上高							
外部顧客への売上高	1,449,198	253,312	49,646	125,980	1,878,137	―	1,878,137
セグメント間の内部売上高又は振替高	12,146	11,672	32,488	135,090	191,398	△191,398	―
計	1,461,345	264,984	82,134	261,071	2,069,535	△191,398	1,878,137
セグメント利益	664,897	9,638	20,279	16,103	710,918	△1,143	709.775

東海旅客鉄道（株）　2019年3月期有価証券報告書より

　ドル箱の東海道新幹線を保有するJR東海の連結決算書から、次のことが見えてきます。

①貸借対照表の分析

　貸借対照表を見て目が行くのが、金額の大きい、固定負債の中央新幹線建設長期借入金の3兆円でしょう。過去2年間で1兆5000億円ずつ中央新幹線の建設資金を借りた結果多額の固定負債が計上されています。

　流動比率は558％と非常に高いですが、流動資産の中に中央新幹線建設資金管理信託分として2兆6705億円が含まれており、それを除いて計算すると147％程度です。5年以上前の決算書を見ると流動比率は50％程度の年もあり、好調な決算の結果、財務基盤が安定してきていることがうかがえます。

②損益計算書の分析

　売上高は、ビジネス、観光ともに多くの利用があった結果、前年度を

560億円上回って、1兆8781億円となっています。また、有価証券報告書のセグメント情報を見ると、売上分類のうち運輸業が全体の8割程度を占めています。

営業利益も前年比7.2%の増加となっており、増収増益の決算となっています。同じくセグメント情報によれば、営業利益の9割以上を運輸業が占めており、東海道新幹線の貢献度は大きいことがうかがえます。

売上総利益率について、2018年3月期は46.9%、2019年3月期は48.3%です。次に、営業利益率は、2018年3月期は36.33%、2019年3月期は37.79%となっています。いずれの利益率も向上しており、結果として営業利益は477億円の増益となっています。

超電導リニアによる中央新幹線の工事を着実に進めていくにあたって着実に利益をあげており、好決算と言えるでしょう。

③キャッシュフロー計算書の分析

営業活動のキャッシュフローは、ビジネス、観光ともに利用が順調だった結果、6000億円以上のプラスとなっていますが、前年と比較して減少しているのは、法人税の支払いが前年と比較して増加しているのが要因です。

そして、投資活動のキャッシュフローの資金支出が大きく減少したのは、2018年3月期は中央新幹線建設長期借入金1兆5000億円を信託したのに対して、2019年3月期は、信託設定の支出がなかったためです。

また、有形固定資産の取得による支出と無形固定資産の取得による支出には、中央新幹線建設にかかる設備投資による支出が含まれていますが、今後も多額の投資が行われることが予想されます。

一方で、フリーキャッシュフローは2019年3月期で2000億円以上が生み出されており、安定したキャッシュインが今後の中央新幹線の推進の前提になると考えられます。

✔ ここだけチェック

有価証券報告書や四半期報告書を使って、分析を行う

第 **8** 章

経営分析

▶ 決算書を読み解くことができるようになったら、次の
　ステップとして決算書を使った経営分析があります。

▶ 経営分析では、収益性分析、安全性分析、成長性分析、
　生産性分析がありますが、それぞれの分析方法の中
　でも実務的によく使われている算式を取り上げますの
　で、実務ですぐに使うことが可能です。

▶ 公開されている IR 情報に基づいて経営分析を行う演
　習を盛り込んでいます。実際に計算してみることで理
　解がさらに深まるでしょう。

① 経営分析でできること

♦ 比率分析と実数分析

第２章から第４章で決算書の中身を学びましたので、それを応用した経営分析について見ていきましょう。

細部にわたって会社を分析し、会社の強みや弱みを客観的に把握するには、経営分析という手段をとることが非常に有用です。経営分析を実施し、他社の強みを把握することによって自分の会社の問題点をあぶりだし、これからどのような戦略を実施すべきかが明らかになります。

人間は身体に問題がないかをチェックするために定期的に健康診断を受けますが、経営分析は会社が１年に１回決算が終わったときや毎月の月次決算が終わったときに、会社の状態をチェックする健康診断のようなものです。

経営分析を行うにあたってその手法は、大きく「比率分析」と「実数分析」のふたつに分けることができます。

比率分析とは、決算書などの数値から比率を算出して、検討する手法です。具体的には、

①**構成比率分析**……ある数値の全体のなかに占める割合を計算する方法
②**相互比率分析**……貸借対照表と損益計算書相互の比率や、貸借対照表のなかの資産と純資産相互間の比率といった相互に関連した数値を分析する方法
③**指数分析**……ある期を100とし、それ以外の期の傾向値を算出する方法

があります。

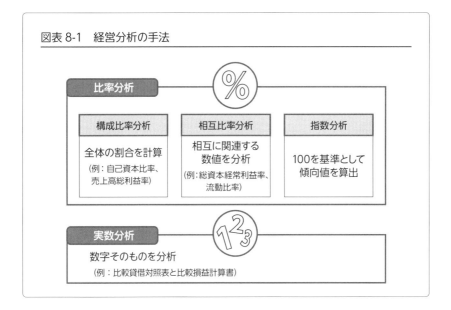

図表 8-1　経営分析の手法

比率分析　%

構成比率分析
全体の割合を計算
（例：自己資本比率、
売上高総利益率）

相互比率分析
相互に関連する
数値を分析
（例：総資本経常利益率、
流動比率）

指数分析
100を基準として
傾向値を算出

実数分析　123
数字そのものを分析
（例：比較貸借対照表と比較損益計算書）

　次に、実数分析とは、会社の実際の数値そのものを分析する手法で、一般的には、比較貸借対照表と比較損益計算書を作成して、分析する方法があります。

　決算書を２期並べて比較することはまさに実数分析で、実は仕事の中で皆さんは行っていませんか。

　例えば、前期と今期の売上を比較して、なぜ増えたのかあるいは減ったのかを分析して、次の手を考えるといったことは営業の部署にいる方なら行っていることでしょう。このような作業は、経営分析のひとつなのです。

◆ 経営分析に際して使用する資料

　実際に経営分析をしようとする場合、どのような資料が必要になるのでしょうか。

　その前提として、分析をする人が分析対象会社の外部の人であるか、分析対象会社の内部の人であるかによって、入手できる資料にも違いが出てきます。

外部の視点で分析するのであれば、外部分析となり、経営分析するための資料を入手するのは容易ではありません。

　分析対象の会社が、上場企業の場合はインターネット上から有価証券報告書を入手して経営分析に使うことができます。有価証券報告書にはかなり詳細な資料が記載されています。そのため、上場企業の場合は、外部分析であっても詳細に分析することは可能です。例えば、セグメント情報と呼ばれる事業単位等ごとに売上、利益、資産等の情報が有価証券報告書には掲載されているので、第5章の「管理会計」のパートで説明した部門別会計に類する情報を利活用できます。

　株の取引をしている方であれば、株投資の対象は上場企業となりますので、経営分析の手法を覚えれば、株取引をする際の一助となるかもしれません。

　それに対して上場していない会社の場合は、決算報告書や附属明細書を入手するのがやっとだと思われます。入手できる資料が限られているので部門別の分析などを行うことは難しいです。

　次に内部分析の場合は、自社の資料ですので、資料を豊富に入手でき

図表 8-2　経営分析で使用する資料

	使用する資料	活用例
外部分析	・有価証券報告書（上場企業の場合） ・決算報告書（未上場企業の場合） 　　etc　入手できる資料に限り	・株主や投資家が会社の収益性について分析 ・金融機関等の債権者が会社の資金についての安全性等について分析
内部分析	・商品別売上実績 ・店舗別利益実績 　　etc　多数の詳細資料！	・経営者が経営戦略のために自社の強み弱みを分析 ・部門の責任者が自部門の予算達成のために分析

ます。外部分析で入手できる資料に加えて部門別、商品別、担当者別等さまざまな切り口から資料を入手できるので、外部分析と比較してより深い分析ができます。ただ、自社の内部分析はできたとしても同業他社と比較するといった場合においては、外部分析もしなければ比較はできません。

そのため、内部分析と同じ項目を比較したくてもできない場合が多いということを認識しておく必要があります。

◆ 経営分析は4＋1の視点で

経営分析をする際に判断の視点ごとに、大きくは「収益性分析」、「安全性分析」、「成長性分析」、「生産性分析」という4つの分析を行います。それに加えて第5章の「管理会計」のパートで解説した損益分岐点分析も経営分析の方法のひとつです。

経営分析は体系的にまとめると図表8-3のように分類されます。

後ほど分析項目ごとに主な計算式を見ていきますが、4つの視点でわかることは次のようなことです。

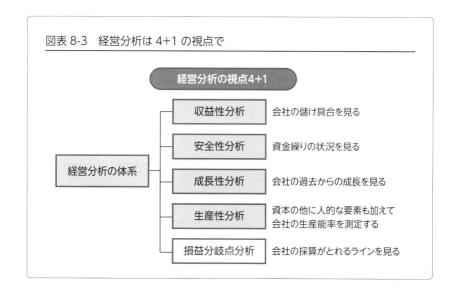

図表8-3　経営分析は4+1の視点で

経営分析の視点4+1

経営分析の体系

- 収益性分析　会社の儲け具合を見る
- 安全性分析　資金繰りの状況を見る
- 成長性分析　会社の過去からの成長を見る
- 生産性分析　資本の他に人的な要素も加えて会社の生産能率を測定する
- 損益分岐点分析　会社の採算がとれるラインを見る

収益性分析……利益獲得する力、会社の元手を効率的に使った儲け具合
安全性分析……貸借対照表の財政状態から見た資金の余裕度
成長性分析……売上や利益の成長度合い
生産性分析……従業員の生み出した付加価値の状況

　会社は儲けなければなりませんし、成長も必要ですし、安定することも必要です。多様な目的を同時に達成するには、上記の収益性、安全性、成長性、生産性といったさまざまな角度から会社を分析することが必要なのです。

♦ 経営分析には限界がある

　経営分析は企業の健康診断と一種といいましたが、実は万能ではありません。経営分析という手法を使うにあたって、限界もありますので、その限界を知っておくことも重要です。使う資料が決算書に記載された項目や金額となるので、自ずと次のような限界があるのです。

①経営者の経営姿勢や従業員のモラルが数値に反映されない

　これは、経営分析の大きな欠点のひとつといえます。経営分析はどうしても数値に基づく分析のため、経営者の資質やその経営者が考えた経営戦略が優れているかということは分析できません。また、会社の従業員が優秀さやモラルの高さといったことも、数値には表れないので分析できません。

②会社が粉飾決算をしている場合は、適切な指標が算出されない

　粉飾された決算書に基づいて分析結果が出たとしても、その内容自体が誤っていることになりますので、結果を使うことができません。

　粉飾された決算に基づく経営分析を行うことは誤った判断を招くことになりますが、粉飾を発見する道具として経営分析が使われるということもあります。

　例えば、売上に対する利益の割合を売上高利益率といいますが、この

割合が毎年 20％ 程度であったにもかかわらず今期は 40％ になっていたとします。一見すると利益率が高くて稼ぐ力が高いと判断できますが、扱っている商品やサービスが変わっていない場合、利益率が倍になるということ自体が怪しいという風に見ることもできます。

　そのような異常値が経営分析で出た場合、粉飾決算を疑うことで粉飾の端緒を発見できる場合もあるのです。

③組織や商品構成の変化が頻繁に行われている場合は、期間比較をしても意味がない場合がある

　前年との比較分析をする際に、会社の中身が大幅に変わってしまっている場合は、比較した分析結果をそのまま使うことはできない場合が多いです。変化の激しい会社が対象会社の場合は、注意が必要です。

④同一年度をベースにして他社比較をしたい場合は、資料が出版されるまでに期間を要するので、時間的なロスが生じる

　これは、現実的な課題ですが、他社をベンチマークしている場合や業界平均と比較したい場合などは、それらの数値を入手しなければ他社比較ができません。

　対象となる他社が上場企業の場合であれば四半期ごとに決算書が開示されますが、未上場の会社の場合は適時に情報を入手できないという問題があります。特に同業他社の比較をする場合に、行政機関等がまとめた統計データを使う場合がありますが、公表されるまでに 1 〜 2 年程度を要することになりますので、タイムリーに比較ができないという問題があります。

⑤他社数値を入手できたとしても会計処理の基準や表示方法等が自社の処理と異なる場合は、比較が意味を持たない可能性もある

　同じ経済行為があったとしても、会計では複数の選択肢から会計処理を選ぶことが可能な場合があります。そうすると結果として作成される決算書の数値は同じ経済行為に対して異なる結果となってしまうので単

図表8-4　経営分析の限界

経営者の経営姿勢や従業員のモラルが数値に反映されない	**会**社が粉飾決算をしている場合は、適切な指標が算出されない	**組**織や商品構成の変化が頻繁に行われている場合は、期間比較をしても意味がない場合がある
同一年度をベースにして他社比較をしたい場合は、資料が出版されるまでに期間を要する	**他**社数値を入手できたとしても会計処理の基準や表示方法等が自社の処理と異なる場合は、比較が意味を持たない可能性がある	
海外の会社と比較する場合、会計制度が違うために算出される指標が異なってくる	**経**営分析はあくまでも過去の数値に基づいて行うものなので、将来の予測に直接結びつかない	

純に比較することができません。

　例えば減価償却の方法で、定額法という毎年同じ償却額が計上される方法を選んだ会社と、定率法という使用した当初は多めの償却額が計上され、使用期間が後半になるにしたがって償却額が減少する方法を選んだ会社とでは、同じ投資金額だとしても決算数値が異なってきますので単純に比較ができません。

⑥海外の会社と比較する場合、会計制度が違うために算出される指標も異なる

　海外企業と会計方針が異なれば、⑤で記載した限界と同様に比較が困難になります。ただ、もしも日本の会社も海外の会社も IFRS を適用しているような場合であれば会計制度が同じとなりますので、比較は可能となってきます。

⑦経営分析はあくまでも過去の数値に基づいて行うものなので、将来の予測に直接結びつかない

経営分析を決算書に基づいて行う場合は、過去の結果を使っているのでそこには未来の数字は反映されてきません。管理会計を使うなどして補完していくことが重要になってきます。

2 収益性分析－売上高総利益率

♦ 付加価値の高さを示す売上高総利益率

　会社の稼ぐ力を見る収益性分析のはじめに登場するのが、「売上高総利益率」です。

　会社はどれだけ売上が増えても、利益が出なければ儲けているとは言えません。

　例えば売上高1,000億円のA社の利益が1億円、売上高20億円のB社の利益が4億円だったとします。

　どちらの会社の方が稼ぐ力が強いと言えるでしょうか。ここで「利益率」という考え方が出てきます。

　利益率は、利益の金額を売上高で割って求めます（図表8-5）。

　恐らく1,000億円を売っているA社は世間で有名でしょうが、利益率は0.1％と非常に低い水準となっています。売上が少ないものの20％の利益率を計上しているB社と比較すると、利益率ではA社は見劣りします。

　シェア拡大だけを考えて利益の確保を考えずに値下げ販売をしていては、A社のように利益が出ずに、沢山売っても利益が出ないという状態に陥ってしまいます。

　会社の営業部門でも売上の達成だけを考えている場合には、同様の事

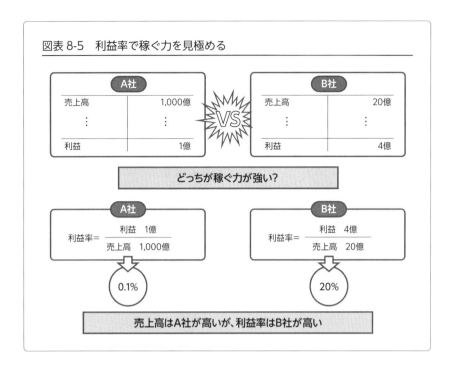

図表 8-5　利益率で稼ぐ力を見極める

態となってしまう可能性があります。売上を上げることは会社として生き残るために重要なテーマですが、同時に一定の利益を確保することも追求する必要があるのです。

　会社は物を仕入れたり、作ったりしてそれを外部に販売して活動を続けます。売上総利益（粗利）は、外部に売った売上から、物の仕入れ代金や材料費等を差し引いた残りです。
　ここから従業員の給料や家賃、その他もろもろの経費をまかなって、はじめて利益が出ます。

　売上高総利益率は、会社の粗利率を判断する指標で、売上総利益を売上高で割って求めます（図表 8-6）。
　売上高総利益率は、会社が生み出す付加価値の割合を示しているので、高いほど望ましいです。そして、会社の創出している付加価値の高さを

図表 8-6　売上高総利益率

計算式

$$売上高総利益率 = \frac{売上総利益}{売上高} \times 100$$

計算方法

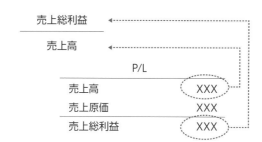

算式の意味

・会社の基本的な活動による稼ぐ力を判断する指標。
・売上総利益は、売上高から売上原価を差し引いた利益で粗利ともいわれる。
・業界によって異なるが、30%～50%程度が目標。

算式の判断基準

・売上高総利益率は高ければ高い方がよいが、企業戦略 (薄利多売戦略等) によっては低くなるケースもある。

示す指標なので、非常に重要な指標のひとつです。

　特に同業他社と比較して低い場合は、自社にブランド力がなく、価格競争になった場合に企業体力がもたないことにもなりかねませんので、望ましくない状況です。

　ただ、会社の企業戦略によっては、必ずしも高さを目指す必要はありません。

　例えば、競合を負かすために売価の圧倒的な低さを売りに販売攻勢をかけるケースもあります。そのような場合は、売上高総利益率は低くなります。

　また、売上総利益は会社の付加価値を意味しますので、それほど付加価値がないのに、あまりに高すぎると他の会社も儲かると思って、その業界に参入してくるかもしれません。適正な付加価値を付けて売上高総利益率を向上させていくことが重要となってきます。

　また、前年との対比で利益率が前年を上回っているかどうかや、同業他社との比較で利益率が上回っているかどうかをチェックすることで、会社の状況を把握することも重要です。

　売上高総利益率を上げていくことは重要なテーマですが、逆にその数値が下がっている場合は、次のような課題がないかどうかを確認しておきましょう。

①売上の単価が下がってきていないか

　大口の顧客が占める割合が増えてきた結果、売上の単価が下がるということはあります。例えば、大手のコンビニエンスストアに卸すようになった場合などは、総量が増えることの見返りに、単価は通常の取引先に比べて低くなることが多いです。

　競合他社と競っている過程で値引き要請が多くあり、結果として売上単価が下がる場合もあります。このような状況では過当競争に陥ってしまい利益率は下がり続ける傾向となりますので、商品の開発等をして、他社と差別化した商品販売を通じて売上単価を上げていくことが必要です。

図表 8-7　利益率アップのために

<table>
<tr><td colspan="2" align="center">利益率アップのための課題</td></tr>
<tr><td>①売上単価の見直し</td><td>販売ルートに偏りがないかどうか</td></tr>
<tr><td>②商品構成の見直し</td><td>利幅の少ない商品の割合が増えてきていないか</td></tr>
<tr><td>③仕入・生産コストの見直し</td><td>コスト削減は利益率アップへ効果が絶大</td></tr>
</table>

②商品・サービス構成や販売先の構成が変わってきていないか

　商品やサービスによって粗利率は通常異なります。そのため販売している商品やサービスの動向によって、売上高総利益率が下がってきていないかを確認する必要があります。粗利の低い商品ばかりが売上の大部分を占めるようになってしまっては、利益率が下がる一方となるので販売戦略を練り直す必要があるかもしれません。

③仕入れや生産コストが上昇している

　仕入のコストや生産のための材料や人件費といったコストが上昇している場合は、売上高総利益率は低くなります。コストダウンの実施や取引先の選別などを行って、仕入単価を引き下げることが対策としてあげられます。

◆ 売上高経常利益率で本業・副業両面を評価

　損益計算書の売上に対する利益の割合を使った利益率のひとつに、「売上高経常利益率」という指標があります。

　この指標は、会社の総合的な業績を判断する指標で、経常利益を売上高で割って求めます。経常利益は本業での営業活動の結果とともに財務活動などの副業での結果も加味したものなので、両方の活動を考慮した

第8章

経営分析

指標といえます。

売上高経常利益率の判断基準ですが、高ければ高い方が良いです。

現状や他社の状況などをふまえて目標とするパーセンテージを決めて、それを目指して施策を実行する会社が多いです。

 収益性分析－自己資本利益率（ROE）

♦ 株主にとって効率的かどうか

会社がいかに効率的に資本を活用して利益を生み出しているかを見る指標のことを、「資本利益率」といいます。

ここで、資本の活用とありますが、資本というのは会社に投入される資金のことをいい、銀行などのように外部から借りてきたお金（他人資本といいます。）と、株主から拠出されたお金（自己資本といいます。）の両方のことを指します。

資本利益率というのは、利益を資本の金額で割って算出しますが、誰の立場で考えるかで、「自己資本利益率（ROE）」と次のパートで説明をする「総資本経常利益率（ROA）」とに区分されます（図表8-8）。

自己資本利益率は、株主の立場で効率的に稼いでいるのかを見る指標です。別名として ROE（Return on Equity）ともいわれています。

自己資本利益率は、株主から出資された元手に対してどの程度の利益をあげているかを測定するものなので、高ければ高い方が望ましいです。

株式投資をしている方であれば、ROE は聞いたことのある指標でしょうし、決算書の当期利益を純資産の部で割れば算出できるものなので、これから投資を考えている企業の過去数年間の ROE を算出してみるのも良いかもしれません（図表8-9）。

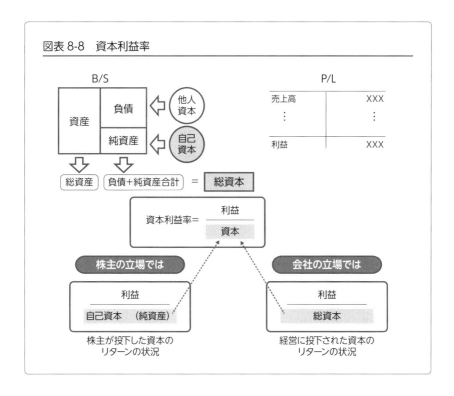

図表 8-8　資本利益率

株主が拠出した資本は自己資本ですから、自己資本を使ってどれだけの利益を生み出したのかを株主の視点から考えます。

自己資本利益率は、税引後の当期利益を自己資本（決算書の純資産額）で割って算出します。

株主の投下した資本を使ってどれくらいの儲けを生み出したのかが、この指標の意味するところです。

上場企業においては、2014年に経済産業省が発表した報告書（通称、伊藤レポート）において、最低8％のROEを企業は株主にコミットすべきと記載され、注目度は非常に高くなっています。また、株主の中に外国人株主が増加しており、外国人株主が留意する指標であることも、意識されてきている要因のひとつです。

そのため、中期経営計画でROEを10％以上にすることをうたっている企業も少なくありません。

図表 8-9　自己資本利益率（ROE）

計算式

$$
自己資本利益率（ROE） = \frac{当期利益}{自己資本（純資産）} \times 100
$$

計算方法

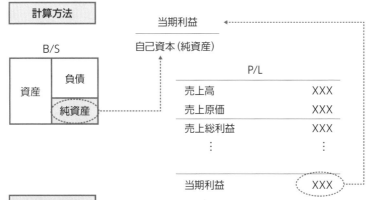

算式の意味

・株主が投下した資本がどれだけのリターンを生み出したのかを示す指標。
・株主の視点から見た資本利益率。
・10％以上を目指したいところ。

算式の判断基準

・自己資本利益率は高ければ高いほど良い。

✔ ここだけチェック

ROE は投資家が注目する指標

4 収益性分析－総資本経常利益率（ROA）

◆ 会社の立場からの資本効率性

　第8章－3で、投下した資本に対する利益の生み出し具合について、株主の立場からの指標を見ましたが、今度は会社全体の立場から考えます。

　会社全体の立場から考えると投下した資本については、株主からの拠出である自己資本のみならず、銀行などからの借入である他人資本も含めた総資本で考える必要があります。

　総資本というのは貸借対照表でいうと、他人資本に該当する負債の部と、自己資本に該当する純資産の部の合計をいいます。

　貸借対照表を見る時の公式で「資産＝負債＋純資産」というものがありましたが、負債の部と純資産の部の合計である総資本は、算式の右辺に該当します。この結果、総資本は、資産の部の合計である総資産と一致します。

　会社全体の立場から算出される資本利益率は、「総資本経常利益率」といいますが、経常利益を総資本で割って計算します。総資本経常利益率は、別名ROAといいますが、Return On Assets の略称です（図表8-10、8-11）。

　簡単な例で、資本の効率性を見てみましょう。

　総資本が1,000億円のA社が5億円の経常利益を計上しているのに対して、総資本が20億円のB社は2億円の経常利益を計上しているとします。

　どちらが効率的に総資本を使っているでしょうか。

　その際に、総資本経常利益率を使って考えますが、A社、B社のそれぞれの総資本経常利益率を算出すると次のようになります。

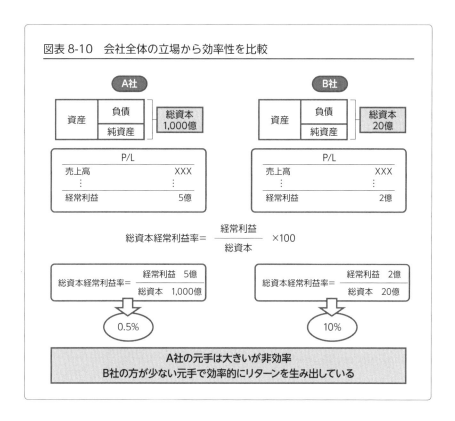

図表 8-10　会社全体の立場から効率性を比較

A社

資産	負債	総資本 1,000億
	純資産	

P/L
売上高　　　　　　　　XXX
⋮　　　　　　　　　⋮
経常利益　　　　　　　5億

B社

資産	負債	総資本 20億
	純資産	

P/L
売上高　　　　　　　　XXX
⋮　　　　　　　　　⋮
経常利益　　　　　　　2億

$$総資本経常利益率 = \frac{経常利益}{総資本} \times 100$$

$$総資本経常利益率 = \frac{経常利益\ 5億}{総資本\ 1,000億}$$

0.5%

$$総資本経常利益率 = \frac{経常利益\ 2億}{総資本\ 20億}$$

10%

A社の元手は大きいが非効率
B社の方が少ない元手で効率的にリターンを生み出している

A 社：5 億円 ÷ 1,000 億円 = 0.5%
B 社：2 億円 ÷ 20 億円 = 10%

　B 社は少ない元手にもかかわらず効率的に稼いでいることがわかります。A 社は B 社と比べて利益は大きいですが、元手が多い割には効率的に稼いでいるとは言えませんね。

　総資本経常利益率は、分母と分子に売上高を置くことで、売上高経常利益率と総資本回転率に分解することができます（図表 8-12）。

　分解することで、会社の課題がブレークダウン（作業レベルまで細分化）できます。

　総資本経常利益率は高ければ高いほど良いですが、高くするためには売上高経常利益率と総資本回転率をそれぞれ高めていく活動が必要に

図表 8-11　総資本経常利益率（ROA）

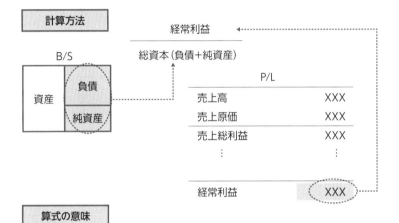

計算式

$$\text{総資本経常利益率} \atop (\text{ROA})} = \frac{\text{経常利益}}{\text{総資本（負債＋純資産）}} \times 100$$

計算方法

経常利益

総資本（負債＋純資産）

B/S

資産	負債
	純資産

P/L

売上高	XXX
売上原価	XXX
売上総利益	XXX
⋮	⋮
経常利益	XXX

算式の意味

・会社全体として投下された資本の有効活用度合いを示す指標。
・総資本経常利益率は、売上高経常利益率と総資本回転率に分解できる。

算式の判断基準

・総資本経常利益率は高ければ高いほど良い。

なってきます。

　「総資本回転率」は、売上高を総資本で割って求められるものですが、会社に投入された全ての資本が効率的に使われているかを見る指標です。総資本回転率が高ければ高いほど、総資本が有効的に使われて売上

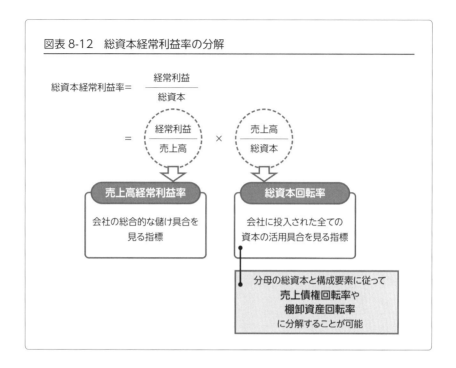

図表 8-12　総資本経常利益率の分解

$$総資本経常利益率 = \frac{経常利益}{総資本}$$

$$= \frac{経常利益}{売上高} \times \frac{売上高}{総資本}$$

売上高経常利益率

会社の総合的な儲け具合を
見る指標

総資本回転率

会社に投入された全ての
資本の活用具合を見る指標

分母の総資本と構成要素に従って
売上債権回転率や
棚卸資産回転率
に分解することが可能

高があがっていると想定されます。

　総資本回転率は、総資本の構成要素である売上債権や棚卸資産に従い、さらに「売上債権回転率」（売上高÷売上債権）や「棚卸資産回転率」（売上高÷棚卸資産）へ分解することができ、それぞれの構成要素の問題点を確認することが可能です。

　例えば、棚卸資産回転率も高いほうが望ましいですが、在庫がだぶついてくると棚卸資産の金額が増えてきて、同じ売上だった場合、回転率は悪化してきますので、あまり在庫を持ちすぎないことが経営課題となってきます。そこで、在庫を多く持たずに売上をあげるためには、適量の発注や適切な在庫管理といった課題が浮き彫りになってくるのです。

✔ ここだけチェック

ROA を分解して、利益率や回転率の課題に深堀りしていく

5 安全性分析－流動比率

♦ 短期的な支払能力をチェック

貸借対照表の主要な構成要素である、流動資産、固定資産、流動負債、固定負債、純資産が、それぞれどのような特徴のものであったか思い出してください。

換金性の高さや、換金や返済までの期間の長短の違いによって、どれに分類されるのかが決まっていましたね。貸借対照表上の資産、負債、純資産の特徴の違いを活用して、会社の資金の支払い能力を分析することが可能です。

このような支払能力や資金の余裕度の分析を、「安全性分析」といいます。会社は永続して運営をしていくことが前提なので、資金の余裕度を持っていることは重要です。

収益性が高くても手元に資金がなくなってしまっては会社の運営ができなくなりますので、安全性の分析も実施しておく必要があるのです。

まず初めにみるのは、「流動比率」という指標です。この指標で短期の支払能力を分析することが可能です。

流動比率は、貸借対照表の流動資産を流動負債で割って求めます（図表8-13）。流動比率は、1年以内に現金化することができる資産を意味し、流動負債は、1年以内に支払いをしなければならない負債でした。

この流動資産と流動負債のバランスを見ることで、短期的に支払うべき負債に対して、支払いにすぐに充てられる資産がどれだけあるのかがわかるのです。

当然、流動資産の方が流動負債よりも多くないと、短期的な支払能力があるとは言えません。

つまり、流動比率が100%を割っているようであれば、非常にまずい状態といえます。これはあくまでも目安ですが、流動比率は150%以上

第8章

経営分析

図表 8-13　流動比率

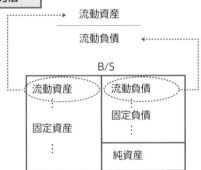

計算式

$$流動比率 = \frac{流動資産}{流動負債} \times 100$$

計算方法

流動資産
流動負債

B/S

流動資産	流動負債
︙	
固定資産	固定負債
︙	︙
	純資産

算式の意味

・一定時点において短期的な支払義務がどれほどあり、それに対して支払手段が
　どれほどあるのかを対比して、会社の支払能力を見る指標。
・会社の短期的な財務の安全性を見ることができる。

算式の判断基準

流動比率は高い方が良い。
200％以上あることが望ましいが、120％～130％を目標にしたい。
たとえ比率が高くとも、流動資産の内容が不良債権であるときは問題である。

であることが望ましく、それが難しい場合でも 120％～ 130％を目標に
したいものです。理想的には流動比率が 200％ 以上であると良いといわ
れています。

個人の立場に置き換えていただくと、より実感が湧くと思いますが、手元にある預金の残高と、毎月クレジットカードで買い物をして来月に支払期限がくる支払金額とを比較して、手元の預金残高が翌月の支払予定金額よりも少なかったらかなり危ない状態ですよね。翌月の給料が入ることで何とか支払いに回せるなんていう状態では綱渡りです。

　会社も十分に短期の支払い能力がないと企業活動を継続することができなくなりますので、流動比率を高めることを意識することが大切です。

♦ 当座比率でよりシビアにチェック

　流動比率にも欠点があります。流動資産は1年以内に換金可能な資産ではありますが、本当に速やかに現金化できるかというと、流動資産の中でも棚卸資産のような在庫は、すぐに現金化できるとは言い切れません。

　そこで、短期的な支払い能力をよりシビアに見るという観点から「当座比率」という指標があります。

　流動比率と算式が異なるのは分子の部分で、分子が「当座資産」になります。当座資産とは、流動資産のうち現金預金、受取手形や売掛金などの売掛債権、短期所有目的の有価証券など、すぐに換金できるものをいいます。棚卸資産は、販売をしてそれから換金されるので、シビアに考える場合は、すぐに換金できない資産と考えて当座資産には含めません。

　つまり、当座資産はシンプルに考えると、流動資産から棚卸資産を除いたものといえます。

　当座比率は、すぐに換金できる当座資産と流動負債とを比較しているので、流動比率よりシビアに支払能力も見ることができます。算出された数値の判断基準ですが、当座比率も高い方が良いです。この比率は最低100％ほしいところです。

　なお、さらにシビアにみる指標として、現金比率というものもあります。この場合は、算式の上で分子にくるものは流動資産のうち現金及び預金のみです。分母は流動負債なので、現金比率は、現金及び預金を流

動負債で割った数値です。

♦ 高すぎる流動比率にも注意が必要

　流動比率は高いほうが安全性という観点からは良いのですが、高ければ高いほど良いのかという疑問も湧くのではないでしょうか。

　過去から業績が良くて資金が大量に手元にあるような会社は、流動比率が高い状態になっています。まして、無借金であればなおさらです。

　しかし、このような会社の場合、資金をうまく活用していないということで、株主からもっと効率的にお金を使うようにリクエストされる場合があります。

　第3章−10で、レバレッジ経営について紹介したことを覚えているでしょうか。借入をして、その金利以上に利益を出すことで、企業がより成長するように経営することですが、あまりに保守的になりすぎて資金を使わないようであれば、企業の成長がなくなり、競合する企業に負けてしまうことにもなりかねません。流動比率が高すぎる場合には、成長への課題があるかもしれないという視点も併せて持つようにしましょう。

✔ ここだけチェック

流動比率で、短期的な支払能力がわかる

---

 6 ## 安全性分析−固定比率

♦ 長期投資への支払余裕度の確認

　流動比率では短期的な支払能力を確認しましたが、固定資産への投資資金の支払余裕度を見る視点では、「固定比率」という指標を確認します。

　例えば、10年間使える機械装置を1億円で購入するとします。この際に、資金調達を借入金で全額行ったとします。借入金の元金の返済を毎年1,000万円ずつ行っていく必要があるとしたら、会社は返済原資を

用意しなければならないですよね。

　返済原資のもととなるのは、売上代金です。そのため、会社は購入した機械装置を使ってものを作り、販売して返済のために最低 1,000 万円を生み出さなければなりません。

　この 1,000 万円ですが、当然売上が 1,000 万円では返済できませんよね。ものを作るには人件費や材料代、借入金にかかる支払利息やその他の経費などもろもろのコストがかかるからです。

　新たに購入した機械装置を使った構想がうまくいかずに、返済原資を作ることができなければ、返済するためのお金をまた改めて借りるといった流れとなり、借金が雪だるま式に増えていくことになってしまいます。このように借金だけで固定資産へ投資をするということは、一定のリスクを伴うのです。

　この設備投資を、借入金に頼らずに全て自己資本だけで行えたらどうでしょうか。自己資本で行うのであれば返済の必要はありませんから、設備投資をしても資金がすぐにひっ迫することはありません。

　自分の生活に置き換えると、もっとわかりやすいかもしれません。

　欲しいマイカーを買うときに手許にお金がないにもかかわらず、マイカー購入以降の毎月の給料をあてにして、全てローンで購入したとします。給料をあてにしたといっても、生活していくためには様々なコストがかかりますので、給料全額をローンに充てることはできないですよね。急な出費が発生したり、リストラに遭って給料が一定期間入ってこなくなったり、といったことが起こらないとも限りません。

　ローンですから返済をしていかなければなりませんが、そのような事象が起きてしまったら、返済ができなくなってしまって、どこかでキャッシングをして何とか返済ができたとしても、追加のキャッシングの返済が必要になり、借金が増えていってしまう可能性がありますね。

　これが、自己資金全額で車を買うことができれば、返済する必要がないので、突然生活が困窮することはないですよね。

　このような固定資産への投資に関して、どの程度自己資本を使っているのかを見る時に使われるのが、固定比率です。

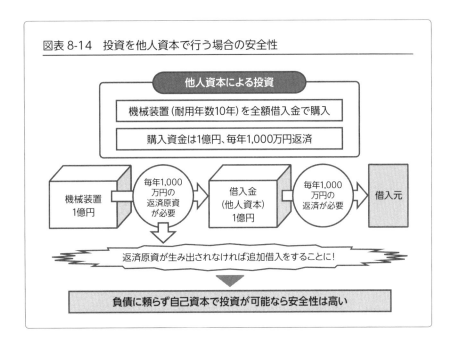

図表 8-14　投資を他人資本で行う場合の安全性

他人資本による投資

機械装置（耐用年数10年）を全額借入金で購入

購入資金は1億円、毎年1,000万円返済

機械装置
1億円

毎年1,000万円の返済原資が必要

借入金
（他人資本）
1億円

毎年1,000万円の返済が必要

借入元

返済原資が生み出されなければ追加借入をすることに！

負債に頼らず自己資本で投資が可能なら安全性は高い

　固定比率は、固定資産を自己資本（純資産）で割って算出されます（図表 8-15）。

　この算式で、固定資産の投資を当面返済する必要のない自己資本でどの程度カバーしているかが明らかになるため、固定資産への投資の資金の余裕度を見ることができます。

　固定比率が100％未満であれば、固定資産への投資が自己資本の中でまかなわれていることになりますので、財務体質は良好であるといえます。

　逆に100％以上の場合は、自己資本ではまかないきれず、借入金などの負債でもって固定資産への投資が行われていることになります。

　固定比率を見る時は低い方が望ましいです。

♦ 固定長期適合率は100％未満へ

　ただし、長期的な資金で固定資産投資が行われていれば良いという観点から、業界によっては、固定比率が100％以上の業界や会社もあります。

　そのような際に使われる指標が、「固定長期適合率」です。

図表 8-15　固定比率

計算式

$$固定比率 = \frac{固定資産}{自己資本} \times 100$$

$$固定長期適合率 = \frac{固定資産}{自己資本+固定負債} \times 100$$

計算方法

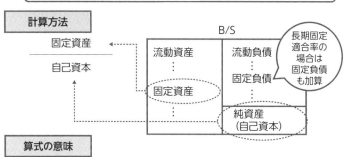

$$\frac{固定資産}{自己資本}$$

B/S

流動資産 ⋮ 固定資産	流動負債 ⋮ 固定負債
	純資産（自己資本）

長期固定適合率の場合は固定負債も加算

算式の意味

・固定資産の投資を自己資本でどの程度カバーしているかを明らかにする指標で、これにより固定資産への投資の妥当性を見ることができる。
・比率が100％未満であれば、固定資産への投資が自己資本のなかでまかなわれていることになるので、良好といえる。逆に100％を超えた場合は、借入金で設備投資が行われていることになる。
・長期的な資金で設備投資が行われていれば良いという観点から、分母に固定負債を加えた固定長期適合率も使用される。この指標は、すくなくとも100％未満である必要がある。

算式の判断基準

固定比率は低い方が望ましい。100％未満であれば良好だといえる。
固定長期適合率は、少なくとも100％未満となるようにする。

　固定長期適合率を使うと、固定資産を調達するときに、自己資本と長期借入金に代表される固定負債で、どの程度まかなわれているのかが明らかになります。

算式は、固定資産を自己資本と固定負債の合計で割ります（図表 8-15）。

この指標が 100% 以上であると、資金繰りが非常に危険な状態といえます。そのため、どんなに悪くとも 100% を下回る必要がありますが、ぎりぎり下回るではなくて 80% 程度まで下げたいところです。固定長期適合率も固定比率と同様に、低い方が望ましいです。

固定長期適合率が 100% 以上ということは、自己資本と固定負債で固定資産をまかなえていないことを意味します。つまり、短期の債務である流動負債で固定資産投資をしていることを意味しますので、当然返済スケジュールが厳しくなっていることが想定されます。

個人のケースで考えると、手許資金がほぼない中で、マイカーをクレジットカードの一括払いで買っているような状態です。短期に返済をしなければならないにもかかわらず、手許資金がない中で投資をしてしまったら家計は破綻してしまいますね。

会社も運営する以上、潰してしまってはいけません。そのため資金の返済計画をしっかりと立て、投資をするようにしましょう。

✔ ここだけチェック

固定長期適合率は、少なくとも 100% を下回るようにする

7 安全性分析－自己資本比率

♦ 財務の健全性は自己資本比率でチェック

安全性分析の最後に、財務体質の健全性を見る指標である「自己資本比率」について説明します。

会社が資金調達する方法は、返済の必要のない自己資本（貸借対照表の純資産の部）と、いずれ返済の必要な他人資本（貸借対照表の負債の部）の 2 つがありますが、返済の必要のない割合を見るのが自己資本比率です。

計算式

$$自己資本比率 = \frac{自己資本}{総資本} \times 100$$

計算方法

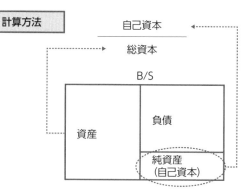

算式の意味

・総資本のなかに占める自己資本の占める割合を示したものである。
・会社の財務体質の健全性を見極めることができる。
・負債の額が大きいと金利負担が大きくなり利益を圧迫する。低成長期には、金利負担により資金繰りが悪化するケースが見受けられる。

算式の判断基準

自己資本比率は高い方が望ましい。
ただし、借金をしてそれをうまく使うことも経営上は大切。

自己資本比率は、自己資本を総資本（総資産と同額です。）で割って算出します（図表8-16）。
　他人資本は、いずれ返済が必要ですが、自己資本は返済の必要のない

資金ですので、返済の要否という視点で考えると、自己資本の方が会社にとっては財務的には望ましい資金調達方法といえます。

自己資本比率は、総資本に占める自己資本の割合を示しますので、割合が高いほど会社の財務体質が健全であることを示すことになります。

自己資本比率は、30%以上は確保した方が望ましいといわれています。

自己資本比率が低い場合、低金利の時代であれば、金利負担は経営に影響をそれほど与えないかもしれませんが、負債の額が大き過ぎると金利が上昇局面に入った段階で金利負担が重くのしかかってきて、利益を大幅に引き下げかねません。特に低成長期には、金利負担により資金繰りが悪化するケースも見受けられます。

ただ、自己資本比率が高すぎるのも良いとは言い切れません。

無借金経営は、財務的には盤石で望ましいことではあります。まして、競争がないような業界にいて、その業界のトップにいるような状態であれば、現状維持をしていても良いかもしれませんが、他人資本をうまく使って、企業をより成長させていくことも経営上は重要なテーマです。借金をしてレバレッジをきかせ、会社を成長させることも重要だということに留意しましょう。

そのため、自己資本比率が高い会社であっても、成長のための投資をしていない会社の場合は、将来の財務体質の安泰を保証するものではありませんから、成長のための施策を打っているのかにも注目する必要があります。

♦ 自己資本比率を向上させる方法は

自己資本比率を一定水準まで高めるためには、自己資本（純資産）を充実させる必要がありますが、方法は3つあります。

①増資をする

手っ取り早いのは、株主あるいは第三者に増資をしてもらうことです。ただ、投資をする側から考えると、成長して儲かる可能性のない会社に

出資をしても、出資したお金が毀損してしまうリスクがあるので増資には応じられません。投資をしてもらえるだけの期待ができ、夢のあるプランを提示することが必要です。

　増資をすることで将来の配当が十分に支払われるのか、キャピタルゲインがあがるような将来像が描けているのかが、増資をしてもらうためのポイントになります。

②利益を上げて内部留保を厚くする

　もうひとつの方法は、とにかく儲けて利益を出していくことです。毎期儲けることで税金を支払った残りの利益分は、純資産の部に累積されていきますので、その分自己資本（純資産）が増えていくことになります。

　①の増資によって財務体質を改善する場合は、一気に財務が健全化することもありますが、株主や第三者という相手があっての話なので、増資が実行されるかどうかは相手に依存している面も否めません。

　それに対して利益を上げて財務体質を改善していく②の方法は、地道ではありますが確実な方法です。そして、株主のような相手に頼ることなく自助努力によって改善ができる方法なので、理屈上はどの会社も実践できる方法なのです。財務体質を良くするための王道は、利益を出し続けることだということを認識しましょう。

③資産を売却する

　自己資本比率の算式は、総資本に占める自己資本の割合でした。

　そこで、総資本は総資産の金額と一致しておりますので、総資産を減らすことで自己資本比率を改善するのがこの方法です。

　例えば、固定資産に過去に投資用として取得した不動産があり、概ね不動産の帳簿価額と同額の借入金が残っているとします。

　このような場合、投資不動産を売却して、同時に借入金を返済することで自己資本比率を改善するのです。一般的には財務リストラクチャリ

図表 8-17　財務リストラクチャリングによる自己資本比率改善

財務リストラ前B/S

資産		負債	
投資不動産以外	3億	投資不動産見合 借入金以外	2億
		投資不動産見合 借入金	2億
投資不動産	2億	自己資本	1億
総資産	5億	総資本	5億

$$自己資本比率 = \frac{自己資本}{総資本}$$

$$= \frac{1億}{5億} = 20\%$$

財務リストラ　投資不動産を2億円で売却／対応する借入金2億円を返済

財務リストラ後B/S

資産		負債	
投資不動産以外	3億	投資不動産見合 借入金以外	2億
		自己資本	1億
総資産	3億	総資本	3億

$$= \frac{1億}{3億} = 33.3\%$$

財務リストラクチャリングで自己資本比率が改善された

ング（財務リストラ）ともいわれますが、社内で保有している本業以外の固定資産や遊休となっている固定資産の売却を進めることで、総資産のスリム化をはかり、自己資本比率を改善させるのです。

　図表8-17の場合は、財務リストラをする前は、総資産5億円に2億円の投資不動産があり、総資本5億円の中に2億円の投資不動産見合いでの借入金があります。財務リストラ前の自己資本比率は20%でしたが、投資不動産を帳簿価額と同額の2億円で売却し、借入金2億円を返済することで自己資本比率は33.3%に改善されました。

　もちろん、現実的には、売却金額の2億円よりも借入金が多く残っており、売却することができずにいるとか、不動産を売却することで不動産収入が減るので、その分の利益が減ってしまうといった様々な影響はありますが、自己資本比率を改善するひとつの方法として、資産の売却という方法があることを知っておきましょう。

最近では、持たない経営という言葉もあるように総資産を増やしすぎないスリムな経営もひとつのモデルになっていますよね。

　個人の生活でも、車や洋服も持たずに借りる人が増えたので、それに対応するようにサブスクリプション方式が世の中の流れのひとつになってきています。究極的には、余計なものは持たないという方針で、必要最低限のものだけで暮らすミニマリストという人たちも出現しています。

♦ 負債比率

　自己資本比率と類似した指標に負債比率という指標もあります。これは、負債を自己資本（純資産）で割って、負債と純資産のバランスを示す指標です。

　指標の見方ですが、負債比率が低いほど返済能力が高く、財務体質が健全であるとみられます。

> **✔ ここだけチェック**
>
> 自己資本比率で財務の健全性をチェックする

8 成長性分析－売上高増加率

♦ 成長なくして安定なし

　企業経営は、まず会社がつぶれないように安定化させることが必要です。ただ、それだけでは現状維持が経営の中心になり、やがて縮小均衡になっていき衰退することになってしまいますので、安定化させることと同時に成長させることが重要です。

　会社が成長しているかどうかを分析することが成長性分析ですが、基本的に過去と比較して伸び率を見る方法で行います。

　成長性分析で比較する対象として筆頭にあがってくるのが、売上高です。

「売上高増加率」、「売上高伸び率」など呼び方はいくつかありますが、算式としては、当年度の売上高から前年度の売上高を差し引いた金額を前年度の売上高で割って求めます（図表8-18）。経理部門以外に配属されている方でも、この成長性分析は行っているのではないでしょうか。

また、比較する時期が対前年ではなく、前年同月対比で行うこともありますし、前月の売上と今月の売上を対比して前月からの伸び率を見るケースもあります。

例えばアパレルのように季節変動要因が大きな業種の場合は、前年同月と比較することで傾向を確認することができます。社内で行う内部分析の場合には、店舗別にこの分析を行うことで、お店ごとの成長度合いを確認することができる有効な方法です。

前年との対比で、どの程度売上が伸びているべきかの基準はありませんが、成長をしていると言うためには、2桁である10%以上の伸びが欲しいところです。

ただ、成熟している市場などの場合は、自社の成長だけでは2桁の伸びが難しくなっているケースもあり、そのような場合には企業買収をしてでも2桁成長を目指している会社もあります。

◆ 利益の伸びも重要

成長という点に関して、売上がその象徴的な要素であることは間違いありませんが、無理して売上を伸ばしても利益がついてきていないようであれば、会社の体力はなくなっていきます。

売上だけ伸ばしても利益が伸びてこなければ、働いている従業員の給料も十分に引き上げることができず、モチベーションが落ちてきてしまいますよね。

ですから、成長性分析をする際は売上の伸び率だけを見るのではなく、利益の伸び率を見ることも必要です。

経常利益上昇率を算出する場合は、当期の経常利益から前期の経常利益を差し引いた金額を、前年の経常利益で割って伸び率を算出します。

図表 8-18　売上高増加率

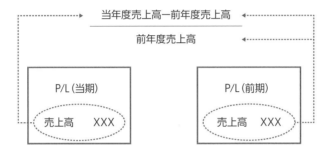

計算式

$$\text{売上高増加率} \ = \ \frac{\text{当年度売上高} \ - \ \text{前年度売上高}}{\text{前年度売上高}} \ \times 100$$

計算方法

当年度売上高－前年度売上高
―――――――――――――
前年度売上高

P/L (当期)

売上高　XXX

P/L (前期)

売上高　XXX

算式の意味

・売上高の伸び率を前期と比較する指標。
・会社発展のためには、低成長期にあっても売上高の増加はある程度必要。
・この算式は、経常利益上昇率等の利益の成長にも応用できる。

算式の判断基準

売上高増加率は高ければ高い方が良い。

◆ 比較は自社以外も参考に

　成長性分析をする際に、前年との比較をするだけでなく、過去数年間
の趨勢を見ることも有益です。前年と比較するだけの場合、特殊な事情
がどちらかの年度にあると、比較があまり意味をなさないことになって
しまう場合があるからです。単年度の比較だけでは、傾向をつかめなく
ても、過去5年間くらいで比較を行えば、傾向が正しく出てきます。

　また、内部分析の場合は、商品別・部門別・店舗別等の切り口で過去
数年間で見ることも重要です。そうすることで、商品のライフサイクル
の状況や店舗のスクラップビルドの妥当性など、経営判断に影響を与え
る提案ができることがあります。

　さらに、競合他社の数字が入手できるようであれば、競合他社との比
較も重要です。他社に比べ、売上や利益の伸びが高いのか低いのかを見
ることで、今後の経営戦略に結び付けていくことができます。

> **✔ ここだけチェック**
> 売上や利益の伸び率で成長性を確認する

9　生産性分析－労働生産性

◆ 付加価値に売上総利益を使うケースも

　生産性分析とは、労働力や設備を使って、いかに効率的に売上や利益
をあげているのかを見る分析手法です。

　会社の会議などで、「もっと付加価値をあげていこう。」とか「付加価
値が低いから改善していこう。」というように、「付加価値」というキー
ワードが使われることはないでしょうか。

　付加価値とは、会社が他社から購入した商品やサービスに対して、自
社で付け加えた価値のことをいいます。

ただ、決算書の上では、「付加価値」という勘定科目は表示されていません。

付加価値とは、自社が生み出した価値から、他社が生み出した価値を差し引いた差額のことをいいますが、付加価値の計算方法としては2つの方法があります。

「控除法（中小企業庁方式）」と「加算法（日銀方式）」の2つです。

①控除法（中小企業庁方式）

この方式では、付加価値は、次の算式で行います。

付加価値 ＝ 売上高 － 外部購入額

付加価値が、売上高から外部購入分の価値（金額）を差し引いたものであるという考え方に基づいています。

差し引く外部購入額ですが、商品購入、材料費、外部委託した外注加工費、部品費、運送費、外注加工費などがその対象です。

②加算法（日銀方式）

加算法による付加価値は、次の算式で行います。

付加価値＝経常利益＋人件費＋支払利息＋賃借料＋減価償却費＋租税公課

付加価値となる要素を加えていくという考え方に基づいています。

このように付加価値の計算方法は、2つの方法がありますが、外部分析をする際に、他社の決算書から正しく付加価値を算出することは容易ではありません。

そこで、付加価値を「売上から売上原価を差し引いた売上総利益」とみなす簡便的な方法を、実務上採用しているケースもあります。

つまり、付加価値≒売上総利益と考えて生産性分析を行います。

◆ 労働生産性を分解

　生産性分析の際に、最も使われる指標のひとつが「労働生産性」です。
労働生産性では、従業員1人当たりの付加価値を見ますが、算式は

労働生産性＝付加価値÷従業員数

となります。

　この算式で、投入した従業員1人当たりで、どの程度の付加価値を生み出したのかがわかります。当然、労働生産性が高ければ高いほど、その会社の評価は高まります。

　最近では、日本は先進国の中でも労働生産性が低い部類に属していて、働き方改革の推進と併せ、労働生産性の向上について国をあげて取り組むテーマになってきています。では、労働生産性をあげるにはどうしたら良いのでしょうか。

　労働生産性の分析に際しては、労働生産性の算式を分解することで、より詳細な分析が可能となります。労働生産性の算式の分子と分子に、売上高を掛けると次のように算式が分解されます。

$$労働生産性 = \frac{付加価値}{売上高} \times \frac{売上高}{従業員数}$$

＝売上高付加価値率　×　1人当たり売上高

　算式が分解された結果、労働生産性は、売上高付加価値率と1人当たり売上高に分解されます。

　労働生産性を高めるためには、いずれかあるいは両方を高めていく必要がありますが、売上高付加価値率を高めるには、売上に占める付加価値の割合を高めていく必要があります。

　後者の1人当たり売上高を高めるには、従業員1人1人が効率的に売上をあげられるよう、業務に取り組めるようにしていく必要があります。

この算式は、さらに、設備投資との関係を見るために、分母と分子に固定資産を加えることで次のように分解されます。

$$労働生産性 = \frac{付加価値}{売上高} \times \frac{売上高}{従業員数}$$

$$= \frac{固定資産}{従業員数} \times \frac{売上高}{固定資産} \times \frac{付加価値}{売上高}$$

$$= 労働装備率 \times 固定資産回転率 \times 売上高付加価値率$$

　労働装備率とは、1人当たりにどの程度の固定資産が使われているかを示し、固定資産回転率は、固定資産がどの程度売上に貢献しているか、すなわち有効活用されているのかを示します。

　労働装備率を高めるには、従業員の業務を固定資産に置き換える、つまり設備投資を積極的に行って、人の作業を機械等に置き換える必要があります。RPA や AI などへの投資を行い、少ない人員で業務を行える体制を構築できれば、結果として労働生産性は高まるのです。

　AI に置き換わる可能性のある業務として、経理をはじめ多くの業務が挙げられていますが、会社として生き残りをかけるには、積極的に固定資産への投資を行う必要があり、なおかつその投資が効率的に行われることで、労働生産性が高まるのです。

　労働生産性が高まると、従業員への分配率が同じであれば給料も高くなりますので働く人たちもハッピーになれるのです。

　AI に仕事が奪われないように、仕事のやり方を変えずにじっと待つのではなく、仕事のやり方を変えることで生き残りを図るようにしていくことが重要なのです。

図表 8-19　労働生産性（一人当たり付加価値）

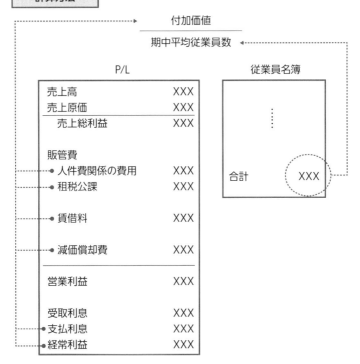

計算式

$$労働生産性 \ = \ \frac{付加価値}{従業員数}$$

付加価値　＝　経常利益＋人件費＋支払利息＋賃借料
　　　　　　　　＋減価償却費＋租税公課

（付加価値の計算は日銀方式がベース）

計算方法

$$\frac{付加価値}{期中平均従業員数}$$

P/L

売上高	XXX
売上原価	XXX
売上総利益	XXX
販管費	
● 人件費関係の費用	XXX
● 租税公課	XXX
● 賃借料	XXX
● 減価償却費	XXX
営業利益	XXX
受取利息	XXX
● 支払利息	XXX
● 経常利益	XXX

従業員名簿

⋮	
合計	XXX

・従業員1人当たりの付加価値を表した指標。
・付加価値とは、会社が外部から購入してきたものに対して、自分の会社で付け加えた価値のことをいう。中小企業庁の付加価値の計算方法では、売上高から、商品やサービスのために他の企業から購入し、消費したものやサービスの価額を差し引いたものをいう。
・日銀方式では、経常利益＋人件費＋支払利息＋賃借料＋減価償却費＋租税公課を付加価値とする。
・1人当たりの付加価値を増やすには、少ない従業員で稼ぐ少数精鋭方式と、付加価値そのものを増やす方法がある。
・この指標は、売上高付加価値率（売上高に占める付加価値額の割合）と、1人当たり売上高に分解される。

算式の判断基準

労働生産性は高い方が良い。
1人 1,500万円以上を目標とする。

✔ ここだけチェック

労働生産性は一人当たりの従業員の生み出した付加価値

10 実際の公開 IR 情報を分析してみよう

　経営分析の指標をいくつか学びましたが、実施に公開されている IR 情報を使って、経営分析の指標を算出してみましょう。

① 【貸借対照表】

（単位：百万円）

	前事業年度 (2018年3月31日)	当事業年度 (2019年3月31日)
資産の部		
流動資産		
現金預金	639,063	426,771
受取手形	7,983	7,261
完成工事未収入金	368,412	454,972
販売用不動産	19,777	20,582
未成工事支出金	45,070	41,306
開発事業等支出金	4,236	8,218
その他	57,263	47,568
貸倒引当金	△131	△99
流動資産合計	1,141,676	1,006,582
固定資産		
有形固定資産		
建物	68,934	84,940
減価償却累計額	△35,108	△36,647
建物（純額）	33,826	48,293
構築物	2,978	3,399
減価償却累計額	△2,425	△2,470
構築物（純額）	552	928
機械及び装置	9,426	9,976
減価償却累計額	△8,316	△8,694
機械及び装置（純額）	1,110	1,282
車両運搬具	645	965
減価償却累計額	△259	△388
車両運搬具（純額）	386	577
工具器具・備品	8,292	8,456
減価償却累計額	△7,311	△7,367
工具器具・備品（純額）	980	1,088
土地	74,610	97,037
建設仮勘定	1,357	1,012
有形固定資産合計	112,825	150,219
無形固定資産	9,334	10,097
投資その他の資産		
投資有価証券	305,114	335,845
関係会社株式	77,790	78,236
その他の関係会社有価証券	7,900	8,562
関係会社長期貸付金	9,025	9,594
破産更生債権等	60	―
長期前払費用	267	198
その他	22,903	23,039
貸倒引当金	△8,813	△9,293
投資その他の資産合計	414,248	446,182
固定資産合計	536,409	606,500
資産合計	1,678,085	1,613,082

ここでは、東京オリンピックのメインスタジアムである新国立競技場の施工を手掛けた大手ゼネコンの一角である、大成建設の単体の決算書を使って、計算してみましょう。

　2019年3月決算の貸借対照表と損益計算書は以下の通りです。

（単位：百万円）

	前事業年度 （2018年3月31日）	当事業年度 （2019年3月31日）
負債の部		
流動負債		
支払手形	25,117	14,788
電子記録債務	89,488	85,777
工事未払金	337,861	363,599
短期借入金	53,700	65,965
1年内償還予定の社債	10,000	－
リース債務	197	245
未払法人税等	29,084	16,282
未成工事受入金	136,271	90,358
預り金	248,156	204,813
完成工事補償引当金	1,867	2,584
工事損失引当金	8,558	1,815
その他	28,485	25,256
流動負債合計	968,788	871,486
固定負債		
社債	40,000	40,000
長期借入金	70,608	53,438
リース債務	277	253
退職給付引当金	25,057	24,870
繰延税金負債	4,626	13,688
関係会社事業損失引当金	1,010	819
環境対策引当金	30	－
その他	6,762	7,002
固定負債合計	148,374	140,072
負債合計	1,117,163	1,011,559
純資産の部		
株主資本		
資本金	122,742	122,742
資本剰余金		
資本準備金	30,686	30,686
その他資本剰余金	29,816	29,816
資本剰余金合計	60,502	60,502
利益剰余金		
その他利益剰余金		
固定資産圧縮積立金	1,414	1,414
別途積立金	158,500	231,500
繰越利益剰余金	123,417	116,613
利益剰余金合計	283,331	349,527
自己株式	△1,490	△37,503
株式資本合計	465,086	495,268
評価・換算差額等		
その他有価証券評価差額金	95,842	106,253
繰延ヘッジ損益	△6	0
評価・換算差額等合計	95,835	106,254
純資産合計	560,921	601,523
負債純資産合計	1,678,085	1,613,082

大成建設株式会社　2019年3月期有価証券報告書より

② 【損益計算書】

(単位：百万円)

	前事業年度 （自 2017年4月1日 至 2018年3月31日）	当事業年度 （自 2018年4月1日 至 2019年3月31日）
売上高		
完成工事高	1,252,133	1,307,089
開発事業等売上高	21,182	21,335
売上高合計	1,273,316	1,328,425
売上原価		
完成工事原価	1,043,343	1,120,749
開発事業等売上原価	14,510	13,853
売上原価合計	1,057,853	1,134,603
売上総利益		
完成工事総利益	208,790	186,340
開発事業等純利益	6,672	7,481
売上総利益合計	215,462	193,821
販売費及び一般管理費		
販売員給料手当	15,617	16,132
広告宣伝費	688	833
販売員旅費雑費	15,642	15,910
役員報酬	825	891
従業員給料手当	6,226	6,537
退職給付費用	2,528	1,482
法定福利費	1,116	1,193
福利厚生費	1,171	1,231
修繕維持費	227	184
事務用品費	117	123
通信交通費	522	548
動力用水光熱費	39	37
調査研究費	6,218	7,125
貸倒引当金繰入額	△536	△25
交際費	169	158
寄付金	285	274
地代家賃	662	637
減価償却費	89	62
租税公課	4,070	3,959
保険料	61	46
雑費	2,071	2,706
販売費及び一般管理費合計	57,816	60,052
営業利益	157,645	133,769

		（単位：百万円）
	前事業年度 （自 2017年4月1日 至 2018年3月31日）	当事業年度 （自 2018年4月1日 至 2019年3月31日）
営業外収益		
受取利息	429	189
有価証券利息	2	8
受取配当金	4,591	4,954
その他	336	755
営業外収益合計	5,359	5,907
営業外費用		
支払利息	885	797
社債利息	333	186
租税公課	12	445
支払手数料	44	355
その他	595	74
営業外費用合計	1,870	1,859
経常利益	161,134	137,817
特別利益		
投資有価証券売却益	716	144
関係会社清算益	－	38
その他	23	13
特別利益合計	739	197
特別損失		
減損損失	297	163
固定資産除却損	227	183
投資有価証券評価損	3	91
関連事業損失	232	258
その他	155	82
特別損失合計	915	779
税引前当期純利益	160,958	137,235
法人税、住民税及び事業税	46,717	36,666
法人税等調整額	2,115	4,467
法人税等合計	48,833	41,133
当期純利益	112,125	96,102

大成建設株式会社　2019年3月期有価証券報告書より

1．売上高総利益率を計算してみましょう。

【回答欄】

$$\text{売上高総利益率} \quad = \quad \frac{\qquad\qquad}{\qquad\qquad}$$

$$= \quad \frac{\qquad\qquad}{\qquad\qquad}$$

$$= \quad \boxed{\qquad\qquad} \ \%$$

【解説】

　2019 年 3 月期の売上高は、1,328,425 百万円で売上総利益は、193,821 百万円です。

　売上総利益の計算式にあてはめてみましょう。

$$\text{売上高総利益率} \quad = \quad \frac{\text{売上総利益}}{\text{売上高}}$$

$$= \quad \frac{193,821}{1,328,425}$$

$$= 14.6\,\%（小数点 2 位以下四捨五入）$$

　前期の売上高総利益率は、同様に計算すると 16.9 % となっていますので、利益率が約 2.3 % 程度減少していることがわかります。

２．自己資本利益率（ROE）を計算してみましょう。

【回答欄】

自己資本利益率（ROE）　＝ $\dfrac{\boxed{}}{\boxed{}}$

＝ $\dfrac{\boxed{}}{\boxed{}}$

＝ $\boxed{}$ ％

【解説】

　2019 年 3 月期の当期純利益は 96,102 百万円、同年の純資産額は 601,523 百万円です。2018 年 3 月期の純資産額は 560,921 百万円となっています。

　自己資本利益率（ROE）の計算式にあてはめてみましょう。

$$\text{自己資本利益率} = \frac{\text{当期純利益}}{\text{純資産（期首、期末平均）}}$$

$$= \frac{96{,}102}{\left(560{,}921 + 601{,}523\right) \div 2}$$

$$= 16.5\% \text{（小数点 2 位以下四捨五入）}$$

　自己資本利益率を計算する際の純資産の金額ですが、簡便的に期末の純資産額だけで計算することも多いですが、ここではより精緻に計算するために期首と期末の平均値を使って算出しています。

　世界の投資家から認められるためには、最低 8％以上の ROE が求められるといわれていますが、その数値はクリアしています。

３．総資本経常利益率（ROA）を計算してみましょう。

【回答欄】

総資本経常利益率（ROA）　＝　　　　　　

$$= \frac{\qquad}{\qquad}$$

$$= \qquad \%$$

【解説】

2019年3月期の経常利益は137,817百万円、同年の総資本（総資産）額は1,613,082百万円です。2018年3月期の総資本（総資産）額は1,678,085百万円となっています。

総資本経常利益率（ROA）の計算式にあてはめてみましょう。

$$総資本経常利益率（ROA）= \frac{経常利益}{総資本（期首、期末平均）}$$

$$= \frac{137,817}{(1,678,085 + 1,613,082) \div 2}$$

$$= 8.4\%（小数点2位以下四捨五入）$$

総資本利益率を計算する際の総資本の金額ですが、簡便的に期末の総資本額だけで計算することも多いですが、ここではより精緻に計算するために期首と期末の平均値を使って算出しています。

4．流動比率を計算してみましょう。

【回答欄】

流動比率 ＝

　　　　＝

　　　　＝ 　　　　　％

【解説】

2019 年 3 月期末の流動資産は 1,006,582 百万円、流動負債は 871,486 百万円です。

流動比率の計算式にあてはめてみましょう。

$$流動比率 ＝ \frac{流動資産}{流動負債}$$

$$＝ \frac{1,006,582}{871,486}$$

＝ 115.5％（小数点 2 位以下四捨五入）

算出の結果、流動比率は 100％ を超えてはいますが、十分に安全性が高いという水準ではないようです。

参考までに、前期の 2018 年 3 月末の決算を基準に計算してみると、2018 年 3 月期末の流動資産は 1,141,676 百万円、流動負債は 968,788 百万円なので、流動比率は 117.8％ 程度です。前年よりも少し悪化していることがわかります。

5．固定比率を計算してみましょう。

【回答欄】

固定比率 ＝

　　　　＝

　　　　＝ ◻ ％

【解説】

　安全性を測る指標のうち、短期の安全性は流動比率を使いますが、長期的な安定性を見る際は固定比率を使います。

　2019 年 3 月期末の固定資産は 606,500 百万円、自己資本（純資産額）は 601,523 百万円です。

　固定比率の計算式にあてはめてみましょう。

$$固定比率 ＝ \frac{固定資産}{自己資本（純資産額）}$$

$$＝ \frac{606,500}{601,523}$$

$$＝ 100.8\%（小数点 2 位以下四捨五入）$$

　算出の結果、固定比率はギリギリ 100％ を超えています。つまり固定資産への投資は自己資本の範囲でまかなえていないことになり、長期的な資金について、安定性が高いとはいえない状態です。

6．自己資本比率を計算してみましょう。

【回答欄】

自己資本比率 ＝ $\dfrac{\qquad}{\qquad}$

＝ $\dfrac{\qquad}{\qquad}$

＝ [＿＿＿＿] ％

【解説】

　会社の財務体質の健全性を測る資料で代表的なひとつが自己資本比率です。

　2019 年 3 月期末の純資産額は 601,523 百万円で総資産額は 1,613,082 百万円です。

　自己資本比率の計算式にあてはめてみましょう。

自己資本比率 ＝ $\dfrac{純資産額}{総資産額}$

＝ $\dfrac{601,523}{1,613,082}$

＝ 37.3％（小数点 2 位以下四捨五入）

　参考までに、2018 年 3 月期の自己資本比率を出してみましょう。2018 年 3 月期の純資産額は 560,921 百万円で、総資産額は 1,678,085 百万円となっています。

　算式にあてはめると

自己資本比率 ＝ $\dfrac{純資産額}{総資産額}$

$$= \frac{560{,}921}{1{,}678{,}085}$$

$$= 33.4\%（小数点 2 位以下四捨五入）$$

となっています。

　過去 5 年間の自己資本比率の推移を、有価証券報告書を参考に見てみると、2015 年 3 月期の 27.8% 以降、2016 年 3 月期が 30.9%、2017 年 3 月期が 31.8%、そして 2018 年 3 月期が 33.4%、2019 年 3 月期が 37.3% と毎年改善されています。

　これは、毎期利益が積みあがってきて、純資産額に厚みを増していることが大きな要因でしょう。

7．売上高増加率を計算してみましょう。

【回答欄】

売上高増加率　＝　

　　　　　　　＝　□□□□□ ％

【解説】

　企業の成長を見るときの指標に売上の伸び率を見る売上高増加率があります。

　2019 年 3 月期の売上高は、1,328,425 百万円で、2018 年 3 月期の売上高は、1,273,316 百万円です。

　売上高増加率の計算式にあてはめてみましょう。

$$
売上高増加率 = \frac{当年度売上高 - 前年度売上高}{前年度売上高}
$$

$$
= \frac{1,328,425 - 1,273,316}{1,273,316}
$$

$$
= 4.3\%（小数点 2 位以下四捨五入）
$$

　売上高増加率は、4.3％ となっています。成熟している産業のため非常に高い成長率とは言えないでしょうが、着実に成長していることが示されています。

８．労働生産性を計算してみましょう。

【回答欄】

労働生産性 ＝ ____

＝ ____

＝ ____ 千円

※労働生産性を算出するにあたっての付加価値の金額は売上総利益として
ください。また、従業員の人数は9,621.5人として計算をしてください。

【解説】

　労働生産性を算出する場合は、付加価値の計算をする必要があります
が、ここでは簡便的に売上総利益＝付加価値として計算をしましょう。

　2019 年 3 月期の売上総利益は 193,821 百万円となっています。

　従業員の人数は有価証券報告書によれば、平均臨時雇用者も加えた人
数で、2019 年 3 月期は 9,624 名、2018 年 3 月期は 9,619 人となっており、
2 年間の平均人数は 9,621.5 人となっています。

　労働生産性の計算式にあてはめてみましょう。

$$\text{労働生産性} = \frac{\text{付加価値}}{\text{従業員数（期首、期末平均）}}$$

$$= \frac{193,821}{(9,619 + 9,624) \div 2}$$

$$= 20,145 \text{ 千円（小数点以下四捨五入）}$$

　1 人当たり約 2,000 万円の付加価値をあげています。

　有価証券報告書によれば、2019 年 3 月期の 1 年間の平均年間給与は
10,511,646 円となっています。

付加価値に占める人件費の割合を労働分配率といいますが、上記試算によれば労働分配率は 50% 強となっているようです。

第 **9** 章

税務会計

▶ 税金計算をするときに使う利益のことを「所得」といいます。

▶ 所得を算出する際の決算書の利益を調整する方法を知っておくことで、税務会計を学ぶ際に頻出のテクニカルタームが理解できるようになります。

▶ 受取配当の益金不算入、交際費、グループ法人税制といった税務会計で良く出てくるテーマをわかりやすく解説します。

① 所得と利益の違い

◆ 法人税の計算構造は会計がベース

　会計の話をする際に避けて通れないのが、税金についての話です。

　社会で生活していくうえで、税金は絶えず私たちの生活についてまわります。給料をもらえば所得税や住民税を控除されますし、ものを買えば消費税を払わなければなりません。

　会社を運営していると支払わなければならないのが、法人税です。

　損益計算書に「法人税、住民税及び事業税」という勘定科目がありましたね。支払うべき法人税などはその勘定科目で計上されているのです。

　会社が支払う税金は、法人税以外にも住民税や事業税というものもありますし、保有している固定資産にかかる固定資産税や契約書に貼付する印紙税など様々ありますが、ここでは法人税に絞って説明を致します。

　法人税は、会社の儲けに対して課せられる税金です。したがって、法人税の計算は、まず会社の儲けを計算することから始めます。

　会社の儲けというと決算書のうち、損益計算書で算出をしていましたね。

　会社の儲けは、損益計算書で算出されていますので、そこで算出された利益に一定の税率を掛けて計算できればシンプルです。ただ、実際はそれほど単純ではありません。

　それは、会計と税務の目的の違いがあるからです。会計は、1年間の儲けを損益計算書でできるだけ正確に算出することが目的ですが、税務では、できるだけ公平に課税を行うことが目的となっており、ゴールに違いがあります。

　そのため、同じ儲けを算出するといっても会計と税務で儲けの定義が違うのです。

　ただ、損益計算書があるにもかかわらず、それを活用せずに、ゼロか

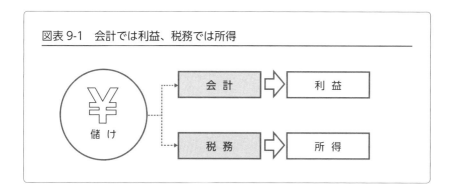

図表9-1　会計では利益、税務では所得

ら税金計算用の儲けの算出を行っていたら事務が大変です。

　そこで、法人税の計算をする際は、会計上の儲けである「当期利益」をベースに、会計と税務とで考え方が違うところだけを調整して、税務上の儲けを算出するというプロセスになっています。

　税務上の儲けのことを「所得金額」といいます。会計上の儲けを「利益」や「利益金額」と呼びますが、税務では「所得」や「所得金額」と呼ぶのです。

　社内で会計に関する会話をする際は、通常は「利益」という用語が使われますが、「所得」というキーワードが出てきたら、税金の話をしているのだな、と思っていただくと会話に入りやすくなります。

◆ 法人税の計算構造と所得金額の算定方法

　法人税は会社の儲けに対して税金を課しますが、法人税法上、この儲けのことを所得金額といいましたね。そして、概ね法人税は以下のように所得金額に税率を乗じて計算します。

　そのため、所得金額というものを算出することが必要となります。

　所得金額は、次のように益金の額から損金の額を差し引いて求められます。

$$\boxed{所得金額} \; = \; \boxed{益金} \; - \; \boxed{損金}$$

損益計算書で会計の利益を出すときは、次の算式で計算しましたよね。

$$\boxed{利益} \; = \; \boxed{収益} \; - \; \boxed{費用}$$

　益金と収益、損金と費用の大部分は一致します。しかし、益金と収益、損金と費用はすべてが一致するわけではありません。

　そこで、法人税法では、原則的には会計のルールに従いますが、一部会計と法人税の考え方が不一致の部分だけを別段の規定として細かく規定しています。

　税金計算の基礎となる所得金額を計算するにあたっては、まず会計上の利益をベースにして、会計と税務が不一致な部分だけを調整することになります。

　すなわち、所得金額を算出するにあたっては次のように考えます。

$$\boxed{所得金額} \; = \; \boxed{収益} \; - \; \boxed{費用} \; \pm \; \boxed{別段の規定での調整}$$

✔ ここだけチェック

法人税の儲けは所得という

② 申告調整とは

♦ 益金と収益、損金と費用の違いを理解する

　会計上の儲けである利益から、税金上の儲けである所得金額を算出す

る必要があるという説明をしましたが、そのための架け橋として「益金算入」、「益金不算入」、「損金算入」、「損金不算入」という考え方があります。

4つの耳慣れない用語の意味を見ていきましょう。

①益金算入

益金算入とは、会計上では収益とはなりませんが、法人税では益金となるものです。

例えば、貸倒引当金は税法上、必ず翌期に取り崩し処理をしなければなりません。そこで、もしも取り崩し処理をしていない場合は、その分の収益が計上されていないことになるので、益金に算入しなければなりません。

②益金不算入

益金不算入とは、会計上では収益ですが、法人税では益金とならないものです。

例えば、他の会社からの受取配当金や、法人税の還付金などです。これらは、いったん収益計上されますが、会社の利益から差し引かれます。利益から差し引かれますので、その分は法人税の対象からは外れます。

③損金算入

損金算入とは、会計上では費用となりませんが、法人税では損金となるものです。

具体的には繰越欠損金の控除があります。繰越欠損金の控除とは、過去に赤字が発生した場合に、過去の赤字を今期の儲けからマイナスできる制度です。本来の会計上、過去の赤字は当年度の費用とはならないものですが、税法上は損金と認めているのです。

④損金不算入

損金不算入とは、会計上では費用ですが、法人税では損金とならないものです。

減価償却費は、税法上は一定の限度額しか損金として計上することはできません。そこで、会社がこの限度額を超えて費用処理している場合は、限度額の超過分だけは損金と認められません。また、後ほど説明しますが、大企業などは大半の交際費が費用として認められておらず、費用として計上されていても税金計算上は損金とならず、交際費は代表的な損金不算入項目です。

　経理部門では、損金不算入項目になるということは、費用が税金計算上は損金とならずその分が法人税の対象となってしますので、特に注意深く損金不算入が適用されるかについて検討します。

　経理部門のメンバーから「それは損金にならないよ」とか「損金不算入項目になるよ」と言われたら、その分の法人税が多くかかる可能性があるから指摘をされているのだな、という認識を持っていただくと経理部門との議論が深まるでしょう。

◆ 申告調整することで税務上の儲けが確定する

　益金算入、益金不算入、損金算入、損金不算入という4つの調整弁を使って、会計上の利益をベースに所得金額を算出することを「申告調整」といいます。

　申告調整にあたって、所得金額にプラスの影響を与えるものを「加算」、マイナスの影響を与えるものを「減算」といいます。

　加算に該当するのが益金算入と損金不算入、減算に該当するのが益金不算入と損金算入です。

　申告調整の作業は、実務上は、法人税の申告書の上で行います。

　会話の中で、「加算」、「減算」というキーワードが出てきたら会計上の処理と法人税法上の処理の違いについて話しているのだな、と理解しましょう。

　所得金額の計算過程は次のようになります。

　損益計算書の当期利益をスタートに会計と税務のギャップをプラス、あるいはマイナスすることで、税務の所得金額が算定されていることを

確認してください。

図表 9-2　所得金額の計算

当期利益（会計の儲け）	
加 算	益 金 算 入
	損 金 不 算 入
減 算	益 金 不 算 入
	損 金 算 入
所得金額（法人税法の儲け）	

図表 9-3　申告調整の全体イメージ

当期利益（決算書）		
減算 益 金 不 算 入 損 金 算 入	会社の利益と法人税法の 所得金額との共通部分	加算 益 金 算 入 損 金 不 算 入
	所得金額（法人税申告書）	

減算	加算
益金不算入……会計上は収益だが、法人税では益金とならないもの	益金算入……会計上の収益ではないが、法人税では益金となるもの
損金算入……会計上の費用ではないが、法人税では損金となるもの	損金不算入……会計上の費用だが、法人税では損金とならないもの

利益に加算・減算をして所得金額を算出するのが申告調整

3 受取配当等の益金不算入

◆ 二重課税の調整

「受取配当等の益金不算入」という制度について見ていきましょう。

「益金不算入」という言葉が付いていますね。益金不算入ということは、所得金額を算定する際は、減算する項目、つまり所得金額をマイナスする項目ですよね。

益金不算入によって、税金の対象である所得金額が減ることになりますので、納税者である会社にとってはありがたい制度です。

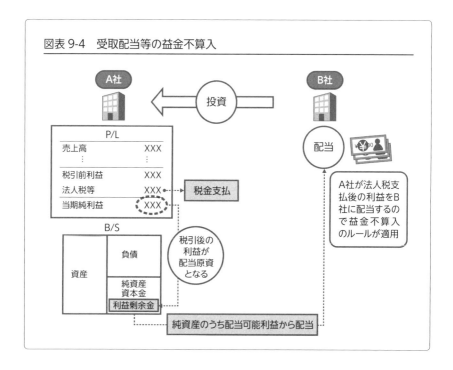

図表9-4 受取配当等の益金不算入

受取配当金というのは、会社が投資している会社から配当を受け取る金銭等のことをいいますが、そもそもなぜ受け取った収益である配当金が、税金計算上はマイナスして良いという、納税者にうまみのある制度になるのかについて考えてみましょう。

　その理由は、一言で言うと、二重課税を調整するためにあるのです。

　そもそも配当金は、会社が法人税を支払った残りの原資から支払いがなされます。税金が課税された残りを受け取った会社にさらに法人税を課税してしまうと二重に税金が課されることになります。そこで、二重課税をなくすために受取配当金は益金に算入しない、つまり益金不算入となっているのです。

♦ 益金不算入額は、持株割合によって4分類

　それでは、受け取った受取配当金が全額益金不算入になるかというとそうではなく、株式の保有割合によって益金不算入額は異なってきます。

　株式等の保有割合に応じて益金不算入となる配当金額は、次の4つの

図表 9-5　持株割合で異なる益金不算入のパターン

受取配当等の益金不算入額4パターン		
株式等の種類	株式等保有割合	益金不算入額
完全子法人株式等	100%	受取配当金
関連法人株式等	3分の1超（完全子法人株式等に該当するものを除く）	受取配当金 － 控除負債利子
その他株式等	5%超 3分の1以下	受取配当金 × 50%
非支配目的株式等	5%以下	受取配当金 × 20%

パターンに分類されます。

①完全子法人株式等（持株比率100%）の場合は、受取配当金の全額が益金不算入となります。

②関連法人株式等（持株比率1/3超（①に該当するものを除く）の場合は、受取配当金の全額から株式購入にかかった負債利子を差し引いた金額が益金不算入となります。

③その他の株式等（持株比率5%超1/3以下）の場合は、受取配当金の50%相当が益金不算入となります。

④非支配目的株式等（持株比率5%以下）の場合は、受取配当金の20%相当が益金不算入となります。

> **✔ ここだけチェック**
>
> 二重課税をなくすために、受取配当は益金不算入になる

4 交際費と損金不算入

♦ 交際費は政策的に損金算入に制限がある

　会社が支出した「交際費」は、事業活動に必要なものですので、原則として損金性があります。しかし、ムダを節約し、自己資本の充実をはかるという政策的な見地から、交際費には損金算入の限度額が設けられています。

　法人税法で交際費に該当するかしないかによって、会社としては法人税の金額が異なることになってしまうので、交際費の該当性の判断には非常に敏感となります。

　交際費に該当してしまって、損金として扱われなければ、交際費の本体金額に加えて、その本体金額自体が法人税の対象となってしまうことになり、会社としてはコストに与える影響は多大です。

　例えば、100万円の経費がかかったとします。その経費が法人税法上

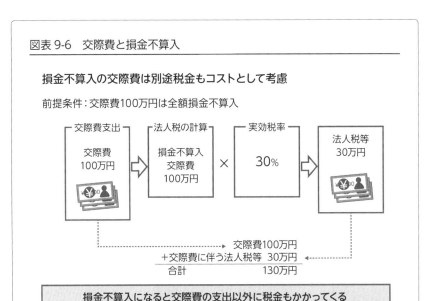

図表 9-6　交際費と損金不算入

損金不算入の交際費は別途税金もコストとして考慮

前提条件：交際費100万円は全額損金不算入

交際費支出　　　　法人税の計算　　　　実効税率　　　　　法人税等
　　　　　　　　　　　　　　　　　　　　　　　　　　　　　30万円
交際費　　　　　　損金不算入
100万円　　　　　　交際費　　　　×　　30%
　　　　　　　　　　100万円

交際費100万円
＋交際費に伴う法人税等　30万円
合計　　　　　　　　130万円

損金不算入になると交際費の支出以外に税金もかかってくる

の交際費に該当して損金不算入になった場合、会社は実際いくらのコスト負担がかかるのかを考えてみましょう。

100万円は当然コストとしてかかっていますが、これ以外に法人税を考える必要があります。法人税等の実質的な税負担率である実効税率を30％として考えてみましょう。

100万円の経費が損金不算入になるということは、その分の申告調整で所得金額に100万円を加算する必要があります。そうすると100万円加算された所得金額に実効税率30％を乗じた30万円が、100万円の経費とは別に会社にコストとしてかかってきますので、合計130万円がコストになります。

つまり、100万円の経費だけがコストではなく、交際費としての税金コストが追加で30万円かかるのです。

会社のお金を使って飲食をする場合に、飲食代以外にも税金コストがかかっているということを意識しなければならないのです。

そもそも法人税において交際費とは、接待、慰安、贈答などに支出さ

れたもので、相手から見返りを期待したものをいいます。支出した際に、どのような勘定科目で処理したかどうかは関係ありません。ですから、損益計算書で交際費という勘定科目で表示されていなくても、法人税法上で交際費に該当するものは交際費としての扱いを受けることになります。

　また、支出の相手先が、事業に関係があるものということもポイントになります。この事業に関係のあるものには、会社の役員や従業員などの社内の人間も含まれます。

　交際費に該当するかどうかは、事業に関係のあるものに対して、どのような行為（接待、慰安、贈答）をしたかによって判別します。

　次のような費用は交際費に該当しないものとして例示がされています。

①福利厚生費
　　……専ら従業員の慰安のために行われる運動会、演芸会、旅行等のために通常要する費用。

②5,000円以下飲食費
　　……社外の者との飲食のために要する費用で、その支出する金額を飲食等に参加した者の数で割って計算した金額が5,000円以下である費用。

　なお、この規定は次の事項を記載した書類を保存している場合に限り適用されます。

　　イ　飲食等の年月日
　　ロ　飲食等に参加した得意先、仕入先その他事業に関係のある者等の氏名又は名称及びその関係
　　ハ　飲食等に参加した者の数
　　ニ　その費用の金額並びに飲食店等の名称及び所在地
　　ホ　その他参考となるべき事項

③少額広告宣伝費
　　……カレンダー、手帳、扇子、うちわ、手ぬぐいその他これらに類す

図表 9-7　交際費とならないもの

①	福利厚生費

従業員の慰安目的の費用

②	1人当たり5,000円以下飲食費

役員、従業員間の飲食費は除く

③	少額広告宣伝費

カレンダー、うちわ等

④	会議費

会議用の茶菓、弁当等

⑤	取材費

出版物や放送番組編集のための費用

る物品を贈与するために通常要する費用。

④会議費

……会議に関連して、茶菓（さか）、弁当その他これらに類する飲食物を供与するために通常要する費用。

⑤取材費

……新聞、雑誌等の出版物又は放送番組を編集するために行われる座談会その他の記事の収集のために、又は放送のための取材に通常要する費用。

②の5,000円以下飲食費は、接待に支出された飲食費であっても1人当たり5,000円以下であることが書類等でわかるようであれば、交際費に該当しない扱いにしてくれる規定です。

コスト意識をもって飲食の接待をする会社にとってはありがたい規定です。ただし、参加した人数を虚偽記載するなどして本来は1人当たり5,000円超にもかかわらず5,000円以下であるかのように装った場合は

税務調査で指摘されますので、適正に制度を活用する必要があります。

　会社に申請する費用が1人当たり5,000円以下の飲食費であれば、交際費に該当せず、法人税が別途かかることはありませんので、申請する際に交際費に該当するのかどうかは意識をするようにしましょう。

♦ 交際費の損金算入限度額

　次に、交際費がある場合に、損金算入をいくらまでできるのかという問題があります。損金算入できる金額を損金算入限度額といいますが、会社の期末の資本金が判断基準になっています。

　具体的には、交際費の損金算入限度額は、期末の資本金が1億円超かどうかに応じて以下のように定められています。

①期末資本金の金額が100億円超の会社

　損金算入できる金額はありませんので、交際費は全て、損金不算入となります。

②期末資本金の金額が1億円超100億円以下の会社

　次の金額が損金算入できる限度額です。

　飲食（社内の役員や従業員だけのための飲食は除く）による接待でかかった費用の50%の金額（接待飲食費損金算入基準額）

　なお、期末資本金の金額が1億円以下であったとしても、親会社の資本金が5億円以上でその100%子会社である場合は、②の期末資本金の金額が1億円超100億円以下の会社と同様の扱いを受けることになります。

③期末資本金の金額が1億円以下の会社

　次の2つの金額のいずれかを選択できます。
　・年800万円（定額控除限度額）
　・飲食（社内の役員や従業員だけのための飲食は除く）による接待でかかった費用の50%の金額（接待飲食費損金算入基準額）

図表 9-8　交際費の損金算入限度額

(1) 資本金が100億円超の場合	▶	損金算入限度額＝0 (ゼロ)
(2) 資本金が1億円超100億円以下の場合	▶	損金算入限度額＝社外接待飲食費の額の50％に相当する金額
(3) 資本金が1億円以下の場合	▶	損金算入限度額＝以下のいずれか大きい額 ・社外接待飲食費の額の50％に相当する金額 ・年800万円

(注)・親会社が資本金5億円以上の100％子会社は資本金が1億円以下でも (2) が適用されます。
　　・(1) は2020年度の税制改正大綱により、2020年4月1日以降適用される予定です。

【設例】

　期末資本金 3,000 万円の会社が、900 万円の交際費を支出して、そのうち 300 万円が飲食（社内の役員や従業員だけのための飲食は除く）による接待でかかった費用であった場合の損金算入限度額はいくらになるでしょうか。

　期末資本金の金額が 1 億円以下の会社ですので、次の 2 つの計算結果でいずれか大きい額を選択することになります。

　定額控除限度額……800 万円
　接待飲食費損金算入基準額……300 万円 × 50％ = 150 万円

　いずれかを選択できるので、損金算入限度額の多い定額控除限度額の 800 万円を選択することになります。

　この結果、支出した 900 万円から損金算入限度額の 800 万円を差し引いた 100 万円が損金不算入額となります（図表 9-9）。

　同じ支出を資本金が 2 億円の会社が行った場合はどうなるでしょうか。

　資本金が 1 億円超 100 億円以下の会社の場合は、接待飲食費損金算入基準額しか認められませんので、損金算入限度額は次のようになります。

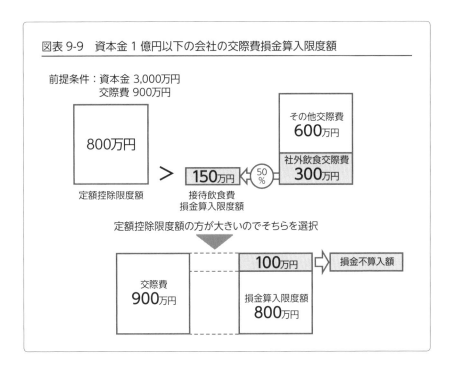

図表 9-9　資本金 1 億円以下の会社の交際費損金算入限度額

前提条件：資本金 3,000万円
　　　　　交際費 900万円

800万円

定額控除限度額

＞

150万円

接待飲食費
損金算入限度額

←50%←

その他交際費
600万円

社外飲食交際費
300万円

定額控除限度額の方が大きいのでそちらを選択

交際費
900万円

100万円

損金算入限度額
800万円

→ 損金不算入額

接待飲食費損金算入基準額……300 万円× 50% ＝ 150 万円

　この結果、支出した 900 万円から損金算入限度額の 150 万円を差し引いた 750 万円が損金不算入額となります（図表 9-10）。

　たまに、中小企業の社長が「うちは年間 800 万円まで交際費を使えるから」というようなコメントをされるのを聞いたことがある方もいるかもしれませんが、それは、①の期末資本金の金額が 1 億円以下の会社に該当して、定額控除限度額の年 800 万円という数字が、頭に刷り込まれているからかもしれません。

　交際費は、使うことが目的ではなく、それによって取引が円滑になり売り上げ拡大等に寄与することが目的ですので、目的は忘れないようにしましょう。

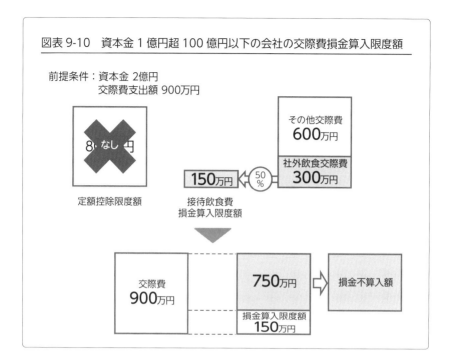

図表 9-10　資本金 1 億円超 100 億円以下の会社の交際費損金算入限度額

前提条件：資本金 2億円
　　　　　交際費支出額 900万円

8‥ なし 円

定額控除限度額

その他交際費
600万円

社外飲食交際費
300万円

150万円　⟵ 50%

接待飲食費
損金算入限度額

交際費
900万円

750万円　⇒　損金不算入額

損金算入限度額
150万円

✔ ここだけチェック

交際費は損金算入の限度額がある

5　グループ法人税制

♦ 100%資本関係の譲渡取引は内部取引として扱う

　近年は企業グループにおける一体的な経営が一般的になってきており、グループ経営に対応した税制が必要ということで、2010 年の税制改正で導入されたのが、「グループ法人税制」です。

　グループ経営をしている場合、会社自体は個々に活動はしていますが、一体的に運営しているという実態を考慮して、グループ間で行った取引を内部取引として扱った上で課税するのがグループ法人税制です。

グループ法人税制においては、100% の資本関係（税務上は完全支配関係といいます）がある内国法人間の取引について、税務上損益を認識しない取り扱いとなっています。対象となる取引には、一定の資産の譲渡取引、寄付、配当等があります。なお、100% の資本関係があるものだけが対象となりますので、たとえ過半数の資本関係があって連結決算における親会社と子会社の関係でも、100% の資本関係がなければグループ法人税制の対象とはなりません。

♦ 対象となる取引の範囲はどこまでか

　グループ法人税制においては、グループ内の資産の譲渡に関して、譲渡時点で譲渡損益を認識しないで繰り延べるようにしますが、譲渡損益が発生する全ての取引がグループ法人税制の対象となると、グループ内で製造会社と販売会社があるようなグループ企業においてはほぼ全てのグループ内取引が対象となってしまい、事務が大変煩雑になってしまいます。そのため、一定のものだけが調整対象の取引となりますが、対象となる資産を、「譲渡損益調整資産」といいます。

　譲渡損益調整資産とは、譲渡法人の資産のうち、以下のものをいいます。

- 固定資産
- 棚卸資産である土地等
- 売買目的有価証券以外の有価証券
- 金銭債権及び繰延資産

　さらに、上記の資産のうち、譲渡直前の帳簿価額が 1,000 万円以上のものをいいます。ですから、帳簿価額が 1,000 万円未満のものは少額ということで対象から外れています。

　また、土地等以外の棚卸資産は対象から外れていますので、製販分離している会社間の棚卸販売取引は対象にはなりません。

♦ 譲渡損益の実現は将来に繰り延べる

　実際に対象となった取引があった場合に、税務上の処理はどうなるかを、誤解を恐れずにシンプルにいうと、譲渡取引によって発生した損益は、いったんなかったものにするといえます。

　「損益はいったんなかったものにします」と書きましたが、譲渡取引によって所得は発生しないことになるものの、永久に所得を認識しない訳ではないので「いったんなかったもの」と書いたのです。つまり、譲渡損益の実現を将来に繰り延べるのです。

　では、いつの段階で繰り延べられた譲渡損益が実現するのかというと、100％のグループ内で譲渡された資産を譲り受けた法人が、さらに資産を譲渡したときに実現することになります。譲受法人が譲渡した他にも、譲り受けた資産を償却、評価替え、貸倒れ、除却等をした場合に、繰り延べられた譲渡損益が実現されます。

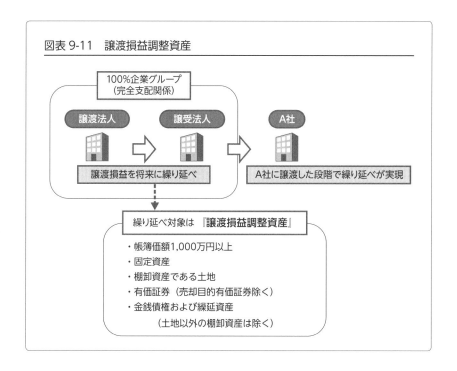

図表 9-11　譲渡損益調整資産

100％企業グループ
（完全支配関係）

譲渡法人　→　譲受法人　→　A社

譲渡損益を将来に繰り延べ　　A社に譲渡した段階で繰り延べが実現

繰り延べ対象は 『譲渡損益調整資産』

・帳簿価額1,000万円以上
・固定資産
・棚卸資産である土地
・有価証券（売却目的有価証券除く）
・金銭債権および繰延資産
　　　（土地以外の棚卸資産は除く）

設例を使って具体的な取引で見ていきましょう。

【設例】

100％の資本関係（完全支配関係）があるS1社（譲渡法人）からS2社（譲受法人）に譲渡損益調整資産である土地を譲渡したとします。

S1社での帳簿価額は6,000万円で、それをS2社に実勢価格の2,600万円で売却しました。

グループ法人税制を考える前に、仮にグループ法人税制の適用がない場合にどうなるかを考えましょう。

● グループ法人税制が適用されない場合

S1社は売却損が3,400万円（売価2,600万円 − 帳簿価額6,000万円）となりますが、S1社の法人税の計算上、3,400万円の損失は実現したものと考えて税金計算上そのまま損失として扱います。

● グループ法人税制が適用される場合

これに対してグループ法人税制が適用される場合はS1社とS2社の取引を内部取引として扱って、譲渡損益が発生しなかったものと考えます。

そのため、S1社の法人税の計算上、いったん発生した3,400万円の損失はなかったものとして同額の益金が発生したものと考えます。すると法人税の所得は次のようになります。

会計上の譲渡損　△3,400万円　＋　益金　3,400万円　＝　0

このように所得はゼロとなり、譲渡損はなかったものとして取り扱われるのです。

ただし、この譲渡損であるマイナス3,400万円は永久に認められないのではなく、将来S2社がその資産を売却した段階で、S1社の税金計算上、マイナスすることができるのです。

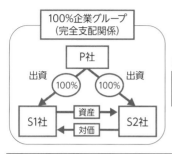

図表 9-12　譲渡損益調整資産の申告調整

100%企業グループ
（完全支配関係）

P社

出資　100%　　100%　出資

S1社　←資産→　S2社
　　　←対価←

S1社　　　　　　　　　　　　（単位：万円）

資産	売価	原価	譲渡損益
土地	2,600	6,000	▲3,400

グループ法人税制の適用がない場合

　S1社は会計・税務ともに売却損3,400万円が実現

グループ法人税制の適用がある場合

　S1社は会計では売却損3,400万円を計上、税務では売却損3,400万円は繰り延べ

会計		税務		所得
売却損　△3,400	＋	申告調整　3,400	＝	0

⇧

繰延べるために売却損相当額を益金算入

✔ ここだけチェック

完全支配関係がある会社間の譲渡損益は繰延べられる

索 引

さ行

【著者紹介】

中尾 篤史（なかお・あつし）

CSアカウンティング株式会社　代表取締役。
公認会計士・税理士。
辻・本郷税理士法人　執行理事。
日本公認会計士協会 租税調査会 租税政策検討専門委員会・専門委員。
著書・共著等に『瞬殺！ 法人税申告書の見方』『経理部門の働き方改革のススメ』
（以上、税務研究会出版局）、『正確な決算を早くラクに実現する経理の技30』
『BPOの導入で会社の経理は軽くて強くなる』『対話式で気がついたら決算書が作
れるようになる本』『経理・財務お仕事マニュアル 入門編―絵で見てわかる経理の
基本』（以上、税務経理協会）、『たった３つの公式で「決算書」がスッキリわかる』
（宝島社）、『経理・財務スキル検定［FASS］テキスト＆問題集』（日本能率協会マ
ネジメントセンター）、『明快図解 節約 法人税のしくみ』（千舷社）など多数。

CSアカウンティング株式会社

国内最大級の会計・人事のアウトソーシング・コンサルティング会社であり、
約200名の公認会計士・税理士・社会保険労務士などのプロフェッショナル・
スタッフによって、上場企業から中堅企業、中小企業までの会計・税務、人事・
労務に関するアウトソーシング・コンサルティングサービスを提供している。
〒163-0631　東京都新宿区西新宿1-25-1　新宿センタービル31階
電話番号：03-5908-3421／FAX番号：03-5339-3178
URL：https://www.cs-acctg.com/
email：csa-g@cs-acctg.com

数字を武器として使いたいビジネスパーソンの

会計の基本教科書

2020年４月10日　初版第１刷発行

著　　者 —— 中尾 篤史
　　　　　　　Ⓒ2020 Atsushi Nakao
発行者 —— 張 士洛
発行所 —— 日本能率協会マネジメントセンター

〒103-6009 東京都中央区日本橋2-7-1　東京日本橋タワー
TEL 03(6362)4339（編集）／03(6362)4558（販売）
FAX 03(3272)8128（編集）／03(3272)8127（販売）
http：／／www.jmam.co.jp／

装　　　丁 —— 小口翔平＋岩永香穂（tobufune）
本文DTP —— 株式会社森の印刷屋
印　　　刷 —— 広研印刷株式会社
製　　　本 —— ナショナル製本協同組合

ISBN978-4-8207-2781-1 C2034
落丁・乱丁はおとりかえします。
PRINTED IN JAPAN

マンガでやさしくわかる
会社の数字

前田 信弘 著
葛城 かえで シナリオ制作／たかみね 駆 作画
A5判 240ページ

会社の周りは数字であふれかえっています。そうした「会社の数字」について、本書は田舎のスーパーを舞台としたマンガでストーリーを追いつつ、「会社の数字のなに・なぜ」を丁寧に解説します。内容を正しく理解できているかをチェックできる「確認問題」付きです。

IR戦略の実務

高辻 成彦 著
A5判 204ページ

年々重要性を増すIR(Investor Relations)ですが、各企業にはまだノウハウが乏しく、方法論が見出せずにいる方も多いのではないでしょうか。本書はIRの実務に悩む方に向け、IRオフィサーとして所属会社のIR優良企業特別賞受賞に貢献し、現在はアナリストとして数多くの企業のIR課題に接している筆者が、企業価値向上のためのIRの基本について、より良い在り方をまとめた一冊です。

経理・財務スキル検定(FASS)
テキスト&問題集

CSアカウンティング 編
四六判 360ページ

「経理・財務スキル検定」(FASS)は、経済産業省の「経理・財務スキル・スタンダード」に完全準拠し、経理・財務実務のスキルを客観的に測定する検定試験。本書は経理・財務部門の定型的実務に従事されている方や、これから経理・財務部門に従事しようとしている方が学習しやすいようにまとめられたテキスト&問題集です。

日本能率協会マネジメントセンター